# NOS INCONSÉQUENCES

## EXTRAITS

DU

## JOURNAL D'UN PHILOSOPHE FRANC-PENSEUR

PAR

## L'ABBÉ Hte REBOUL

PARIS
TÉQUI
LIBRAIRE-ÉDITEUR
85, rue de Rennes, 85

BEZIERS
A. BOUINEAU & Cie
IMPRIMEURS
31, avenue de Pézenas, 31

1889

# NOS INCONSÉQUENCES

EXTRAITS

DU

JOURNAL D'UN PHILOSOPHE FRANC-PENSEUR

PAR

L'Abbé H<sup>te</sup> REBOUL

BÉZIERS

I<small>MP</small>. T<small>YPO</small>-L<small>ITHOGRAPHIQUE</small> A. BOUINEAU & C<sup>ie</sup>

31, Avenue de Pézenas

1889

ÉVÊCHÉ
DE
MONTPELLIER

*Montpellier, le 1er Mai 1889.*

Monsieur le Curé,

L'étude que vous venez de soumettre à notre approbation est d'un genre spécial que n'abordent pas d'ordinaire les ecclésiastiques.

Il est vrai que nous aimons à voir nos prêtres consacrer les loisirs, que leur laissent les travaux du Saint Ministère, à des compositions plus en rapport avec la science sacrée véritable domaine de leurs méditations. Dans ce champ, ils ont l'avantage d'être à l'abri de tout péril de nouveauté, et ils ne peuvent trouver, pour eux-mêmes et pour leurs lecteurs, que des sujets d'édification.

Cependant nous ne sommes pas exclusifs. Votre livre traite certaines questions de morale et de philosophie toujours opportunes, et qu'il est bon de rappeler. Vous les présentez sous une forme piquante, personnelle et bien capable d'exciter l'intérêt. Ce sont des mérites que nous sommes heureux de constater et d'encourager.

Nous souhaitons, Monsieur le Curé, que votre livre soit lu ; qu'il porte chez vos lecteurs des lumières utiles.

Et nous lui donnons volontiers notre approbation.

† Fr. Marie-Anatole.
Évêque de Montpellier.

# AU LECTEUR

*Monsieur,*

Lisez, je vous prie, cette préface. Je crains que vous ne la trouviez un peu longue. Ici, la brièveté serait déjà une recommandation.

Le livre que je vous présente, très humblement d'ailleurs, vous paraitra peut-être bien osé. Il touche à tout sans résoudre grand chose. Mais en connaissez-vous beaucoup qui imposent une

## VI

solution?... Ne vous montrez pas envers celui-ci plus exigeant que vous ne l'êtes à l'égard d'un grand nombre d'autres. En l'écrivant, l'auteur n'a eu qu'un but : celui de vous faire soupçonner, qu'en beaucoup de circonstances, on peut se tromper, même avec d'excellents principes.

Permettez-moi de vous donner une courte explication de ma pensée.

On appelle *principe*, si je ne me trompe, toute vérité incontestable qui sert de base à un raisonnement quelconque.

Pour être vrai, un principe n'est pas universel, et cependant nous sommes portés à généraliser ceux qui n'ont qu'une portée relative. Il résulte de là, qu'avec d'excellentes intentions, on peut se faire l'apôtre de l'erreur, tout en conservant la conviction de combattre pour la vérité.

La vérité ne se manifeste le plus souvent à nous que par relation : Aussi rien n'est plus dangereux qu'un proverbe. C'est une arme qui blesse parfois celui qui en fait usage.... Vous avez été témoin, peut-être, des alarmes d'une mère qui voit un instrument tranchant entre les mains de son jeune fils ? L'usage des proverbes, des adages, des dictons n'est pas moins dangereux pour l'homme ignorant ou irréfléchi.

Il est, en effet, des hommes dont toute la science philosophique consiste dans une litanie de proverbes et d'axiomes sur la portée desquels ils n'ont peut-être jamais réfléchi. Ils ne manquent pas de vous les jeter à la face, dès que vous ouvrez la bouche pour les contredire. Vous avez beau vous récrier et vous débattre, ils vous donnent le coup de mort par cette seule parole :

« Cet homme ne pense pas comme tout le monde ».

# VIII

Loin de moi la prétention de convaincre *tout le monde* d'erreur et de m'attribuer le monopole de la pensée !

Mais est-il bien vrai que *tout le monde* pense ainsi qu'on veut le dire ?...

Je crois, au contraire, que si, d'un côté, les hommes se montrent faciles pour accepter une théorie toute faite, ils sont, d'autre part, jaloux de conserver, dans la pratique de la vie, leur indépendance : d'où je conclus :

« Qu'on ne dit pas toujours ce que l'on pense ».

Cependant, il est des pensées, des idées qui courent le monde avec un passeport libellé on ne sait par qui. Un grand homme en apostille certaines de son nom. Cela suffit pour que la multitude s'incline avec respect.

Les hommes se groupent facilement en un innombrable troupeau de panurge. On appelle cela le « sens commun ». Le bon sens est plus rare et ne fait pas tant de bruit; mais vouloir résister au torrent du sens commun, c'est se vouer à une mort certaine.

Et pourtant ! il en est des pensées comme des réputations. Le temps ne manque pas d'en découvrir le vice ou l'imperfection... Ce qui est universellement accepté à une époque devient souvent un contre-sens dans les siècles suivants. Non pas que la vérité change, elle est immuable ; mais il arrive fréquemment, parmi les hommes, qu'on érige en principe une idée qui tire sa force des seules circonstances. Ces circonstances cessant, la pensée croule d'elle-même.

Les siècles ont accumulé bien des ruines dans le domaine de la pensée. A lui seul, ce spectacle serait capable de rendre l'homme circonspect. Mais pas du tout. On se fait le partisan d'une opinion, on va à la remorque d'un système, pour ne pas se donner la peine de se faire une conviction. Parmi tous ces systèmes, chacun choisit selon la trempe de son esprit ou plutôt de son tempérament : car presque toujours sans discuter on suit son intérêt.

L'homme se laisse diriger par l'intérêt. Certes, il ne serait pas blâmable pour cela, pourvu qu'il ne se laissât pas tromper par l'illusion. Mais voici que dans son orgueil, il rougit de sa pauvreté et condamne sa tendance naturelle à s'enrichir de quelque manière. Pour ce faire, il échafaude un monument imposant de principes qui luttent de noblesse, de grandeur, de désintéressement, de dévouement, etc., etc. Gigantesques mensonges qui ne peuvent se tenir debout qu'étagés par les efforts constants de l'imagination et de la mauvaise foi.

De là une contradiction flagrante. On

pense avec les principes et l'on agit avec l'intérêt. Inconséquences coupables, si elles étaient réfléchies.

On veut l'homme grand : on le divinise en théorie, et lorsque la pratique de la vie vient contredire ces raisonnements purement chimériques, au lieu de corriger la pensée et d'abandonner le rêve, on trouve plus commode de vouer la nature humaine au mépris. Le cœur de l'homme, ses sentiments, ses aspirations, sa faiblesse, sa pauvreté, tout est flétri, sacrifié à la rigueur des principes qu'une raison orgueilleuse ne cesse de formuler.

Sans doute l'homme peut être coupable. Il l'est, hélas! que trop souvent. Mais ne soyons pas méchants au point de tourner tout contre lui. Nous ne devons pas lui reprocher ce qui est le résultat nécessaire de l'imperfection de sa nature....

J'appelle votre attention sur cette distinction : elle est nécessaire pour saisir le but que je me propose dans ces pages.

Un mot encore.

Je ne prétends pas relater dans ce petit livre toutes les inconséquences de pensée et de sentiment qui fourmillent et se perpétuent dans le monde. J'ai voulu seulement essayer de montrer par quelques exemples, pris au hasard, combien nous devons être prudents dans nos jugements, et combien nous devons hésiter avant de condamner, comme aussi, avant de donner des éloges.

Sur ce, je vous présente Monsieur Arsène, qui désire vous faire part de ses réflexions. Il compte sur votre bienveillance.

*Du Chalet de Saint-Jean-de-Beauregard.*

### Mon cher Ami,

Je viens de mettre à exécution le projet dont je vous ai parlé : celui de passer quelque temps dans une retraite quelconque, loin des bruits du monde. Appelez-moi « original » ; affligez-moi de toutes les épithètes que vous suggèrera votre colère. C'est chose faite. Je sentais le besoin de solitude. Elle m'est, d'ailleurs, nécessaire pour le travail que j'ai entrepris.

J'habite un petit chalet que j'acquis dernièrement, à cause de la gaîté de son site.

Ma retraite me procurera-t-elle tout le bien que j'en attends ? Je l'ignore. Cependant j'ai mis beaucoup de soin à la choisir.

St-Jean de Beauregard est un village, si petit, qu'il pourrait ne pas même mériter ce nom. Ses habitants y sont, sinon pauvres, du moins très peu fortunés. Le lait des chèvres et des brebis, que des enfants font paître sur des collines environnantes, est pour beaucoup dans les ressources de la famille.

Le matin femmes et filles, à la façon de Pérette, descendent à la ville de Montclair et, sou par sou, réalisent la recette journalière. Les hommes cultivent les champs irrégulièrement échelonnés sur la colline. Celle-ci est si abrupte que les chars ne sauraient la gravir. De petits sentiers sont les chemins de communication. C'est le long de ces sentiers, que les paysans vont poussant devant eux des ânes et des mulets, qui portent sur leur dos les récoltes diverses. Bêtes et gens arrivent haletants sur le plateau où le village est assis. Un moment de répit, le temps de décharger les montures, de boire un coup d'eau froide, et la course fatigante est reprise. On descend de nouveau pour remonter encore.

Et pourtant tout ce monde est heureux. Personne, ici, n'a l'idée d'un pays meilleur et plus commode. C'est là qu'ils sont nés, là qu'ils mourront !

Lorsque l'étranger s'apitoye sur leur rude besogne, ils s'étonnent. Etendant la main vers la plaine qui se déploie au pied du village comme un tapis aux vastes proportions, ils montrent le beau panorama que présentent les environs. Ces braves gens sont fiers de ce point de vue. Il est à eux, c'est tout leur bien !

Certes, ils sont loin de la cupidité des Juifs. Ces derniers n'eurent pas plutôt aperçu la terre promise, du haut des montagnes voisines, qu'ils ne se donnèrent plus de repos jusqu'à ce qu'ils l'eussent conquise. Mais non ! Les habitants de Beauregard voient la plaine, jouissent du spectacle qu'elle présente, et ne sont pas tentés d'y venir habiter. Ils sont contents de leur sort.

Vertu rare, dans ce temps de cupidité sans frein !

C'est parmi eux que j'ai fixé ma tente. Leur société me sera, je l'espère, plus agréable que celle des villes. Elle sera d'abord moins encombrante, et puis, je serai témoin, ici, de moins de vices et, peut-être, de plus de vertus. D'ailleurs, je n'ai pas le droit de me montrer bien exigeant à leur endroit. J'ai trop vu de pays, trop connu d'hommes pour faire le difficile.

Mais je m'aperçois que je ne vous ai rien dit encore de ma maisonnette et de mon intérieur.

« Le chalet » est le nom que l'on donne ici à ma résidence. Elle est petite, mais bien suffisante. Les pièces y sont exigues ; cependant j'ai pu dresser un billard dans une salle du rez-de-chaussée.

Jacques constitue à lui seul tout mon personnel domestique. Il est intelligent ; j'aime à le reconnaître. Mais n'a-t-il pas poussé l'outrecuidance jusqu'au point de se charger de la cuisine, en attendant l'arrivée de sa mère,......

Fasse le ciel que je ne sois pas le premier puni de son audace ! Je dois pourtant, à son honneur, avouer que, jusqu'ici, je n'ai pas à me plaindre de son talent. Je remets l'avenir à la grâce de Dieu !....

Devant mon petit chalet, est un tout petit jardin où le même Jacques entretiendra des légumes et des fleurs. Tous les matins, une femme du village nous apportera de la ville les provisions pour la journée. Tout se trouve ainsi réglé.

Comme vous le voyez, ma vie sera, ici, très simple, très retirée. Cette perspective m'enchante. Il y a si longtemps que je rêvais cette tranquillité ! Pendant les loisirs que me laissera mon travail interrompu, je vivrai du passé, et je pourrai jouir non-seulement des joies, mais encore des peines d'antan : comme celui qui prend plaisir à contempler la tempête quand il n'a plus rien à redouter de ses fureurs.

Je n'aurai pas le spectacle de vos soirées brillantes ; mais lorsque le souvenir me rappellera vos fêtes, j'imiterai nos paysans.

Je me consolerai en contemplant les beautés du paysage.

N'allez pas croire, cependant, que je désire être mort pour vous tous ; ma philosophie ne va pas jusque-là ! Ecrivez-moi souvent. Vos lettres seront accueillies avec reconnaissance par l'ermite de Beauregard. J'accepte l'idée que vous me proposez de faire un petit journal. J'y noterai fidèlement mes pensées et mes impressions: c'est ce que les touristes ne manquent pas de faire.

La vie dans la solitude ressemble beaucoup à un voyage en pays inconnu.

Rappelez à Fernand, mon neveu, la promesse qu'il ma faite, de venir passer ici une partie de ses vacances. Il pourra s'y reposer des fatigues du barreau.... Adieu.

Arsène.

---

# VISITE FAITE & RENDUE

---

Mon installation terminée, j'ai dû songer à faire mes visites d'arrivée. Vous souriez ?.. La politesse a des devoirs, même dans la solitude la plus retirée. L'homme aurait-il le courage de la rechercher, ne peut jamais trouver, sur la terre, un lieu où il serait tout à fait isolé. Il aura toujours des voisins avec qui il doit vivre en bonne intelligence. Ne rencontrerait-il personne à saluer, qu'il s'adresserait alors aux animaux de la forêt ; aux arbres, aux fontaines. C'est là un des besoins de sa nature.

Ici, j'ai des voisins. Et d'abord je dois faire

connaissance avec le curé de cette petite paroisse. Son ministère m'est indispensable; car je suis heureux d'être chrétien. Et puis, sa société, je l'espère, me sera d'un grand secours. En effet, je jouerais de malheur, s'il me fallait placer celui-ci dans l'exception. Je ne sache pas qu'il existe de société plus agréable que celle d'un curé, et surtout d'un curé de campagne. Il ne possède pas toujours un esprit transcendant : (d'ailleurs à quoi cela lui servirait-il ?) mais ordinairement il met dans ses relations beaucoup de franchise, d'abandon et de sérénité. Donc j'irai voir le curé . . . . . . . .

. . . . . . . . .

. . . . . . . .

. . . . . Après avoir revêtu le meilleur de mes habits, j'avertis Jacques de mon absence, en lui donnant l'heure de mon repas du soir.

Un quart d'heure après, je frappais à la porte du presbytère... L'expression n'est pas juste. La porte était grand'ouverte ; car c'est la maison de tout le monde. Je gravis quelques marches. Sur la petite terrasse qui précède les appartements, trois ou quatre gamins prenaient leurs ébats. A ma vue, ils interrompent leurs jeux et un d'entre eux se porte vivement à l'intérieur en criant :

— Monsieur le curé, Monsieur le curé !

Un roquet n'aurait pas si bien annoncé la présence d'un étranger.

En vain, j'essaye de lui imposer silence : sa voix éveille les échos de la cure ; jusqu'à la vieille gouvernante, qui m'arrive clopin, clopant en se frottant les yeux.

— Monsieur le curé est-il visible ? lui dis-je.

— Oui, Monsieur.

Et sans autre préambule, elle m'introduit dans une pièce voisine, que je reconnais pour être la salle à manger. Peu après, je l'entends avertir le curé qu'un « Monsieur » demande à lui parler.

Bientôt je vois apparaître un homme entre

deux âges, d'une taille au-dessus de la moyenne et de belles proportions. Son regard est vif, son visage porte l'expression de la tristesse que tempére un sourire bienveillant. Je me nomme. Il s'avance vers moi en me tendant la main :

— Je n'ai pas, dit-il, l'honneur de vous connaître, Monsieur; mais j'espère que nous allons vivre en bons voisins.

Le curé me recevait trop bien pour que je ne me montrasse pas confiant.

— Monsieur l'abbé, lui ai-je répondu, il ne tiendra pas à moi que notre voisinage ne soit celui de l'amitié. Vous voyez un homme qui, longtemps balotté par les flots du monde, est venu s'échouer sur votre colline. Il vient chercher dans votre solitude la paix et la tranquillité.

— Fasse le ciel, m'a-t-il dit, que vous trouviez, ici, ce que vous poursuivez. La solitude, vous l'aurez dans la mesure que vous pourrez la désirer. Vous me permettrez, cependant, de souhaiter que vous ne la vouliez pas trop rigoureuse, afin qu'il me soit permis de causer quelquefois avec vous.

Je le remerciai, et je le fis d'autant plus sincèrement, qu'il me paraissait parler avec franchise.

Puis, le curé m'a fait les honneurs de son « chez soi ». Il a voulu me faire visiter le presbytère. Ce n'a pas été long : car la maison est loin de ressembler à un palais.......

Nous nous sommes arrêtés, en dernier lieu, dans son cabinet de travail. C'est la plus belle pièce de la cure. A ma grande satisfaction, j'ai remarqué qu'il possède une bibliothèque bien fournie. Je lui en ai fait mon compliment.

— Tous mes livres, Monsieur, sont à votre disposition ; mais je crains fort que parmi tant de volumes, il s'en trouve bien peu à votre convenance. La philosophie et la théologie y sont largement représentées ; tandis que je suis pauvre, très pauvre en fait de littérature contemporaine.

— Vous n'avez rien à regretter de ce côté-là, Monsieur le curé. Notre siècle a produit tant d'inutilités, j'allais dire d'insanités. Pour un bon livre, il y en a cent de mauvais : Aussi est-il encore impossible de faire un choix sérieux. Peu d'œuvres visent aujourd'hui à l'immortalité : c'est pourquoi la plupart vivront à peine une vie d'homme....

Nous causâmes assez longuement. Je fus tout heureux de trouver dans ce curé de village un esprit droit et fin, une instruction soignée et, par dessus tout, une franchise de caractère qui me fit bien augurer de nos relations futures.

Il est vrai que nos idées différeront sur beaucoup de choses. Je n'en suis pas fâché. Nos conversations n'en seront que plus animées et plus intéressantes pour moi ; car je dois me l'avouer, j'aime assez la discussion. Et puis, aux choses de la religion près, je ne pense pas comme beaucoup.

Nous nous séparâmes, contents l'un de l'autre. J'ai la conviction que cette première visite ne sera pas la dernière. Il ne faut pas longtemps aux hommes pour lier connaissance. Les âmes s'attachent quelquefois aussi promptement que les cœurs.

Lorsque je quittai le village, le soleil avait disparu derrière les montagnes. Les troupeaux bêlants rentraient à l'étable, impatients d'y retrouver leurs petits ; tandis que les bergers suivaient d'un pas bruyant et comme cadencé... La journée était finie pour les travailleurs...... Un moment je contemplais ce charmant spectacle, puis je repris le chemin de mon chalet.

Jacques sur le seuil attendait impatiemment mon retour, alarmé du préjudice que mon retard pouvait occasionner à sa cuisine

. . . . . . . . .

. . . . Aujourd'hui Monsieur le curé est venu me rendre la visite que je lui fis avant-hier. J'ai été très heureux de causer avec lui. Nous avons fait plus ample connaissance. Certainement il gagne à être connu, ce qui, entre parenthèse, n'est pas le bénéfice du grand nombre. J'ignore si ma personne lui agrée: je serais charmé de lui convenir.

Comme je l'avais prévu, nous sommes loin de nous entendre sur une multitude de questions.

Quand donc les hommes seront-ils du même avis et porteront-ils les mêmes jugements ?....

Imprudent que je suis ! Je serais bien fâché que Dieu me prit au mot. Savez-vous que notre vie serait bien monotone ! Ne désirons pas avoir tous les mêmes pensées, les mêmes sentiments. De là naîtraient les mêmes goûts et les mêmes affections. De là aussi la discorde et la lutte plus grande et plus terrible que celle dont nous sommes témoins. Remercions Dieu de n'avoir pas voulu faire le monde plus misérable qu'il n'est. C'est ce qui serait inévitablement arrivé, si tous les hommes étaient du même avis. La variété, si elle cause certains inconvénients, apporte cependant de nombreux avantages.

Mais d'où viennent toutes ces divergences d'opinions ? D'abord de la différence de nos goûts qui dictent presque toujours les motifs sur lesquels nous appuyons nos opinions : et puis, trop souvent, on néglige la portée des faits dans l'érection d'un principe. Je suis d'avis qu'ils doivent compter pour beaucoup. Non pas qu'il faille toujours raisonner d'après eux ; ce serait s'exposer à faire fausse route : mais le plus souvent ils peuvent jeter une certaine lumière qui concourt à diriger le raisonnement.

Ce sont les hommes qui formulent les principes. Ils sont susceptibles d'erreur, tout comme le médecin qui tue son malade avec une logique inattaquable. Nous ne devons pas oublier, en outre, que peu de choses sont vraies d'une vérité absolue. Dieu excepté, et les choses révélées, tout est relatif. Le bien et le mal ne se présentent généralement à l'homme que par relation.

Il y aurait là matière à un gros livre. Je recommande ce sujet à ceux qui sont à la recherche d'un motif pour écrire.

Lorsque, dans notre conversation, j'ai émis cette théorie, le brave curé n'a pas manqué de se récrier. Je m'attendais, il est vrai, à sa protestation.

— Je ne voudrais pas, Monsieur l'abbé, lui

ais-je dit, faire naître, dès notre première entrevue, une discussion qui pourrait nous mener loin. Je craindrais d'abuser de votre bienveillance..... Je vais vous paraître bien original. Que voulez-vous. Cela doit tenir à mon caractère. J'ai toujours voulu me rendre compte par moi-même des idées que j'ai entendu émettre. Aussi puisque vous me proposez de vous visiter de temps en temps, je vous demande la liberté d'exprimer toujours franchement ma pensée. Je vous laisse en retour, comme il est juste, toute liberté pour me contredire.

— Je ne demande pas mieux, m'a-t-il répondu. Il est agréable de causer sur des sujets élevés, et rien n'est plus insipide que les conversations qui se traînent sur des choses banales.... Mais, à ce que je vois, nous serons souvent en désaccord. J'ai des convictions Ne soyez donc pas surpris de me les voir défendre « *unguibus et rostro* », c'est-à-dire avec acharnement.

— Me croyez-vous moi-même sans convictions ? Je ne pense pas vous avoir donné motif de le supposer. Ainsi nous nous entendrons toujours sur le terrain religieux ; car, je vous le répéte, je suis chrétien et catholique, Dieu merci !

— Mais alors ?....

— N'en inférez pas, cependant, que j'épouse toutes les idées qu'on s'efforce, depuis longtemps, de faire passer sous le couvert de la religion. Il y en a beaucoup qui ont acquis un droit de cité bien illégitime........

Je vous demande pardon d'avoir tant insisté. J'oublie de vous présenter ma maison. D'abord voici Jacques. Un brave garçon. Je l'estime beaucoup. Vous aurez là, Monsieur le curé, un excellent paroissien. Si votre lutrin est en souffrance, il sera heureux de contribuer à le renforcer. N'est-ce pas, Jacques ?

— Oh oui, Monsieur, j'ai toujours aimé de chanter à l'Eglise.

— En vérité ! mon ami, je suis très heureux de ce que vous me dites. D'ores et déjà vous êtes nommé chantre de la paroisse.

Dimanche je vous présenterai, et je ne doute pas que vous ne soyez accueilli avec joie......

. . . . . . . . . . .

. . . . . . . . . . .

. . . Jacques est âgé de 36 ans. Il est, j'aime à le dire et à le répéter, excellent garçon. Son allure est assez dégagée. Sa figure n'a rien de repoussant. C'est par attachement pour moi qu'il a quitté la ville, et je ne crois pas être fat en ajoutant que, pour continuer à vivre près de moi, il a dédaigné l'offre de plus d'un cœur.....

S'accommodera-t-il de ma solitude ? je le désire. Son départ me chagrinerait beaucoup. Mais non, il restera. Tout jeune, il était à mon service. C'est chez moi qu'il a grandi. Je suis à me demander ce qu'il pourrait trouver de mieux ailleurs . . . .

. . . . . . . . . . .

. . . . . . . . . . .

Aujourd'hui, dimanche, je suis allé entendre la messe. Le curé m'a désigné une place dans le sanctuaire. Me voici, par le fait, constitué comme seigneur du village. Probablement que les comtes de Beauregard, dans les siècles passés, occupaient cette place d'honneur.

Tous les yeux étaient braqués sur ma personne. On tenait, sans doute, à s'assurer qu'un Parisien est fait comme les autres hommes et que le « Monsieur du Chalet » n'a rien d'extraordinaire sinon que son nez a des proportions un peu plus que respectables. S'il est un défaut qu'on ne puisse cacher, c'est bien celui de montrer, à tout propos, un demi pied de nez. Que faire à cela ? Il ne reste que la ressource de se résigner à son sort. Pendant que j'y travaille de mon mieux, Jacques s'installe au lutrin.

L'Office commence. Je suis édifié du recueillement qui règne dans l'église. Jacques a chanté le Credo. Il s'est très bien tiré d'affaire ; aussi est-il triomphant. Sa belle voix a provoqué l'admiration de beaucoup ; mais gare à la jalousie !... Je lui dois un conseil à ce sujet.

Après la messe, je suis entré dans la sacristie pour présenter mon respect à Monsieur le curé. Il m'a retenu à déjeûner.

— Nous ferons maigre chère, a-t-il ajouté, si la pénitence ne vous effraie pas, vous me rendrez heureux en acceptant pour tous les dimanches.

Je n'ai pu refuser une si cordiale invitation ; mais j'ai posé la condition que le jeudi de chaque semaine, il me ferait l'honneur de venir au chalet passer une bonne partie de la journée. Nous aurons ainsi plus de loisir pour causer.

Vous souriez en me lisant. Voilà, dites-vous un philosophe bien peu courageux. Il recherche la solitude et, dès les premiers jours, il invente des moyens pour la peupler! Dites ce qu'il vous plaira, pensez à votre aise tout ce que vous voudrez : je tiens déjà énormément à mon voisin le curé.

Nous avons déjeuné en tête à tête. Ce repas frugal m'a paru de beaucoup meilleur que tous les festins auxquels j'ai participé jadis. Et certes, mieux que personne, vous savez si je mérite ma réputation de gourmet. D'ailleurs, c'est dans mon état, une espèce de qualité. Ne dit-on pas que la gourmandise est le péché mignon de la plupart des gens de lettres. Et pourtant, ce repas au presbytère m'a paru délicieux : ou plutôt je ne me croyais pas à table. Ici, aucune étiquette embarrassante, aucun apparat gênant. Nous causions si paisiblement que je me croyais seul à m'entretenir de mes propres pensées.

Cette journée du dimanche a été ravissante pour moi. J'ai prié avec plus de ferveur que jamais au milieu de ces braves gens.....

Après les vêpres, le curé a eu la complaisance de m'accompagner presque jusqu'au chalet. Vrai ! je l'aime déjà, ce bon curé.

# LES FONCTIONNAIRES ET LA CONSCIENCE

. . . . . . . . . . . .

. . . Ah ! mon cher ami, que tu m'as bien conseillé en m'engageant à écrire un petit journal ! Je ne pensais pas qu'il dût me rendre un si important service. Quand je le prends, il me semble que je vais converser avec toi ; si bien que, m'ennuyant de me voir seul, j'ai voulu user de ton conseil pour t'en remercier.

Ce que c'est que de nous ! Voilà un accroc fait à mon règlement, puisque je me suis imposé de n'ouvrir ce journal que les jours de repos, le jeudi et le dimanche. Une fois n'est pas coutume. En commettant cette infidélité, je me promets bien d'être plus fort désormais......

. . . . . . . . .

A mon lever, mon journal ouvert sur la table semble me reprocher mon impatience d'hier ; mais je peux aujourd'hui, sans remords aucun, consigner mes impressions. Le fait est que, si la solitude est favorable pour un travail soutenu, elle pèse beaucoup d'autre part. Je comprends maintenant, par ce que j'éprouve moi-même, les angoisses de celui qui est condamné à la subir longtemps. La liberté, que j'ai de m'en retourner quand je voudrai, ne contribue pas peu à me la faire supporter plus patiemment. Tandis que celui qui n'est pas libre!... Combien il doit souffrir.... L'heure approche où mon voisin le curé va venir me rejoindre. Je vais à sa rencontre......

. . . . . . . . .

Chemin faisant je poursuivais ma pensée. J'étais loin d'être content de moi. Mes amis me qualifient d'original, parce que la société me pèse. Ne voila-t-il pas que la solitude m'est encore plus insupportable. Elle a sans doute pour moi de grands avantages. Ici je travaille sans dérangement et avec plus d'entrain ; mais j'ai déjà éprouvé des heures d'une tristesse indéfinissable. Oui, l'homme est fait pour la société. S'il s'en prive ce ne peut être pour lui qu'une souffrance. Celui qui pense différemment n'a qu'à en goûter quelques jours ; il changera bientôt d'avis...... Je me trompe peut-être à mon tour. Il est des hommes qui sont obligés de vivre retirés de tout commerce humain. Il faut, pour qu'ils ne meurent pas, qu'ils soient constitués d'une façon bien différente ou bien la souffrance peut devenir une sorte d'habitude.

J'étais arrivé tout près du village, et le curé n'avait pas encore paru. Je me suis assis, pour l'attendre, à l'ombre d'un tilleul. Ce retard me contrariait. Je craignais qu'un accident survenu à mon voisin ne l'empêchât de venir. J'en étais là de mes appréhensions, quand, à ma grande satisfaction, je vis apparaître le retardataire.

— Ne me condamnez pas sans m'entendre, me dit-il, dès qu'il m'aperçut.

Puisque vous voilà, je vous pardonne sans explications ! repris-je en souriant.

— Monsieur l'instituteur est venu chez moi et nous avons causé, au point qu'une heure s'est écoulée sans y prendre garde.

— Comment ! m'écriai-je, un instituteur qui visite son curé. Voilà un homme d'une audace insensée.

Est-il ambitieux, votre instituteur ?

— Dans quel esprit me faites-vous cette question ?

— Je vous demande s'il tient à avoir de l'avancement.

— C'est probable.

— Et vous-même, lui portez-vous de l'intérêt ?

— Mais oui, sans aucun doute. C'est un brave jeune homme.

— Fermez-lui la porte de votre presbytère, Monsieur le curé : évitez de vous rencontrer ensemble ; sinon, il est un homme mort.

— Comment ! balbutia le curé.

— Comment ? On 'accusera de venir chez vous pour comploter contre la République et sur cette simple dénonciation, son nom sera marqué à l'encre rouge. Or, savez-vous ce que c'est que l'encre rouge à notre époque?...

Vous avez entendu parler des oubliettes, de ces prisons creusées sous terre, et si profondément, que non-seulement le malheureux ne pouvait plus espérer d'en sortir ; mais encore que des cris étaient incapables de se faire entendre au dehors. Le prisonnier était ainsi retranché du nombre des vivants. Eh bien ! l'encre rouge a remplacé les oubliettes. Je ne sais pas positivement si toutes les oubliettes des temps passés ont été détruites ; ce que je sais pertinemment, c'est que l'encre rouge coule à flots de nos jours. Le nom stigmatisé reste maudit et pour toujours. En vain le citoyen, ainsi flétri, se démènerait-il, en vain croirait-on à l'injustice, à la tyrannie, tout serait inutile. Pour Dieu et pour l'avenir de votre instituteur, fuyez l'école, Monsieur le curé.

Que lui-même évite le presbytère. Qu'il se détourne de son chemin plutôt que de s'exposer à vous rencontrer.

— Je vois, reprit le curé, que vous prenez plaisir à exagérer. D'ailleurs, en serait-il comme vous le dites, les hommes auraient à réagir, devraient-ils en éprouver quelque dommage.

— Quelque dommage ! Monsieur l'abbé, vous en parlez à votre aise. Que deviendrait votre instituteur, si, un beau jour il était forcé de renoncer à l'enseignement ? Ce serait la misère pour lui et pour sa petite famille.

— On doit tout sacrifier à ses convictions.

— Cela est vrai. Mais abandonnera-t-il ses convictions ; sera-t-il mauvais chrétien, parce qu'il évitera de vous rencontrer, ou que, vous rencontrant, il laissera son chapeau immobile sur la tête ?

— Non, avouez cependant que ce serait d'un très mauvais exemple.

— Pas le moins du monde. On ne verrait là qu'une impolitesse officielle, sans aucune portée. De même qu'un homme, dans l'exercice de ses fonctions, est dispensé des exigences sociales, ainsi en serait-il de lui. Et puis, tant pis pour ceux qui seraient scandalisés par son attitude. Voyons ! est-il obligé de se réduire à la misère pour un coup de chapeau ou pour conserver des relations de politesse ?

— Certes non, et ce n'est pas là ce que je veux dire. Mais bientôt tout sera confondu. Cette lâcheté, ou cette peur lui fera tout sacrifier. Que diriez-vous s'il croyait pouvoir s'abstenir d'assister aux offices religieux ?

— Je dirais que, même pour ces devoirs, il doit agir avec prudence, s'il est reconnu qu'il ne puisse les remplir « *cum tanto incommodo* » comme dit la théologie.

— La théologie ! vous la faites parler d'étrange sorte.

— Pas du tout. Voyons ! encore une fois. Est-il vrai, ou non, qu'un malade est dispensé de l'assistance à la messe le Dimanche ?

— A l'impossible nul n'est tenu.

— Bien. Est-il encore vrai que vos paroissiens peuvent travailler le Dimanche, si un orage menace leurs récoltes ? Oui, encore, n'est-ce pas ? Et cependant il n'est pas certain que le malade aggravera son mal en sortant ; il n'est pas certain non plus que l'orage éclatera sur la localité. Une forte présomption suffit pour les dispenser de la loi. Pourquoi donc trouveriez-vous extraordinaire qu'un particulier se dispensât de certains devoirs extérieurs de religion, afin de conserver ses moyens d'existence ?

— Cependant il est des choses qu'on ne peut faire ou omettre sans être félons, apostats.

— Sans doute, et on serait coupable d'abjurer sa foi, de blasphémer son Dieu, de commettre l'injustice pour complaire aux hommes.

— Il me semble que vous laissez trop de latitude à l'appréciation personnelle, et que vous faites une trop large part à la nécessité matérielle.

— Je ne suis pas plus libéral que ne l'est l'église elle-même. N'est-ce pas elle qui inspire la théologie. Pourquoi donc juger avec tant de sévérité les infortunés qui se trouvent placés sous la férule d'un pouvoir devenu tyran ? Sans doute ils agiraient plus noblement s'ils protestaient ouvertement. Mais ce serait de l'héroïsme, or l'héroïsme n'est jamais obligatoire.

Après cela, ne trouvez-vous pas injuste la sévérité avec laquelle on juge les esclaves de la République, ou plutôt de tout gouvernement persécuteur et violent. Voilà des fonctionnaires qui n'ont pour vivre que leur place, et on voudrait qu'ils affichent leurs sentiments religieux lorsqu'il est avéré que ce prétexte seul peut les faire casser. Les catholiques sont les premiers à reconnaître que le gouvernement que nous subissons est persécuteur de la religion en plusieurs circonstances. Cette persécution n'est pas encore devenue générale. Il est des citoyens qui se trouvent encore placés dans une situation indépendante ; mais il en est d'autres, serviteurs nés du gouvernement établi, sur lesquels pèsent, de tout leur poids, les lois persécutrices. Faut-il s'étonner de les voir se cacher et se taire ? Au contraire, nous devrions être les premiers à leur conseiller la prudence dans l'accomplissement de leurs devoirs religieux, en leur faisant espérer la fin de leur martyre.

La charité doit nous unir, et nous n'aurions que des paroles amères pour ce chrétien qui souffre dans son âme de ne pouvoir agir librement ? Nous le désignerions au mépris public ? Insensés que nous sommes ! nous croyons défendre la religion en leur jetant la pierre. Plaignons-les plutôt. Cherchons à les consoler en facilitant leur tâche, en les aidant à sortir de ce tourbillon dans lequel ils souffrent plus qu'ils ne veulent le faire paraître.

— Je vous ai laissé parler sans vous interrompre. Me permettez-vous, Monsieur, de vous répondre....... J'approuve votre charité qui vous fait prendre le parti des faibles. Mais vous accusez bien gratuitement les chrétiens. Ignorez-vous que la lâcheté des uns fait le malheur des autres. Cette prudence que vous prêchez avec tant de feu touche de bien près à la peur. C'est parce que le grand nombre a peur que l'injustice et la tyrannie règnent. Ceux qui ont été courageux ont supporté seuls la colère des tyrans ; tandis que si tous avaient imité cette conduite digne et ferme, le nombre des victimes aurait été moins grand ; probablement même il n'y en aurait pas eu ; car la tyrannie et la persécution ne s'établissent et ne commandent que par la lâcheté du grand nombre. J'en reviens donc à ce que je vous disais tout à l'heure. Bien coupables sont ceux qui sacrifient leurs convictions aux besoins du moment.

— Vous parlez d'or, Monsieur l'abbé. Il est incontestable que si tous les hommes se laissaient guider par leur conscience et n'agissaient que sous son inspiration, l'injustice aurait peine à se faire jour : mais comme c'est le petit nombre qui a ce courage, il s'en suit qu'il devient inutile et presque toujours funeste pour celui qui est placé dans une situation dépendante.

— Je ne suis pas de votre avis. Tenez, si tous les magistrats avaient donné leur démission, lors de la promulgation des décrets persécuteurs, je suis persuadé que les tyrans modernes auraient reculé.

— Erreur, Monsieur le curé, votre supposition ne saurait se réaliser; car l'unanimité ne se trouve jamais en de pareilles conjonctures. Mais je veux admettre la possibilité de cette entente générale. Il en serait résulté que le nombre des misérables serait aujourd'hui plus grand. Voilà tout !

Ceux qui signent des décrets persécuteurs ont depuis longtemps perdu le sens du juste et de l'honnête. Ils ont une conscience blasée, ou plutôt ils n'en ont plus. Ce bel exemple de désintéressement, loin de toucher les hommes du pouvoir d'alors, les aurait fait sourire de plaisir.

— Mais comment s'y seraient-ils pris pour fournir les tribunaux ? Leur embarras aurait été grand.

— Nullement. Plutôt que de reculer, ils auraient affublé les portefaix d'une robe de juge. D'ailleurs les faits sont là pour me donner raison.

— Vous condamnez donc les magistrats démissionnaires ?

— Certes non, je les admire et j'aurais voulu que tous les honnêtes gens se fussent levés, d'un commun accord, pour organiser à ces héros un triomphe éclatant. Comme citoyen je déplore ces démissions ; car, en toutes choses, il faut considérer la fin. Elles ont été un véritable préjudice pour la société.

— Que vouliez-vous qu'ils fissent dans la situation où on les plaçait ? Fallait-il qu'ils aidassent à la perpétration d'une infamie.

Ils n'aidaient en rien. Le magistrat inamovible n'avait qu'à résister et à attendre. Il est au-dessus des décrets et des gouvernements. Quant au magistrat, que la loi met à la disposition du gouvernement, sa situation elle-même lui dictait sa ligne de conduite. Il est l'homme du mot d'ordre. Il doit le faire exécuter ; sa résistance serait de nul effet. Ferez-vous un crime à un soldat de se battre dans une guerre injuste ? La recherche du droit lui est interdite. On lui dit « va » et il va « meurs » et il meurt. Toute la responsabilité reste à celui qui détient l'autorité souveraine.

Ainsi en est-il de beaucoup parmi les rouages de la société. Le procureur, le commis-

saire, etc., etc., ont une consigne ils doivent
l'accomplir. Cependant, comme ils sont des
instruments intelligents et consciencieux
ils peuvent, dans la pratique, adoucir la
rigueur des ordres reçus. Que si quelqu'un
d'entre eux, trouve en lui le courage de
résister, je l'admire, comme j'admire les héros; mais je suis loin de condamner ceux
qui n'imitent pas sa conduite.

— Etrange théorie que celle que vous
soutenez. J'y trouve tant à redire que je ne
sais vraiment par quel bout commencer !

— Non, Monsieur le curé ; ce que je dis ici
n'est pas si extraordinaire, ni si extravagant que vous le pensez. Les idées paraissent
quelquefois fausses à cause de la nouveauté
de leur point de vue. Que de principes qui
auraient paru à nos pères subversifs de toute
société et qui pourtant sont la base de la
nôtre.

La généralité des fonctionnaires dont nous
parlons n'ont, je le répète, qu'à obéir. Si
vous leur permettez la désobéissance, ou
plutôt l'examen, vous détruisez la base
de la société. Il ne nous reste plus de

sécurité; car nous serons à la merci du raisonnement et des lubies du premier venu. Comment! vous voudriez que ces hommes à eux seuls, réforment le gouvernement; mais alors la désobéissance serait à l'ordre du jour. C'est à la nation à se lever en masse pour abattre les tyrans. Il ne viendra jamais à l'esprit de personne d'attendre une juste révolution par le moyen de ceux qu'un gouvernement s'est choisi pour le soutenir.

Lorsque des lois injustes sont portées, c'est à la nation tout entière qu'incombe le devoir de les faire rapporter. Le peuple qui n'a pas assez d'élan pour cela n'est pas assez mûr pour la liberté, ou bien il est tombé dans la décrépitude. La faute doit être imputée à tous les indépendants. C'est aux bourgeois, aux propriétaires, aux industriels de venir au secours de tous les opprimés et de combattre les armées de l'injustice par les armées constituées de l'indépendance et de la liberté. Mort le persécuteur, finie la persécution : Donc sus au tyran. Mais ne condamnez pas celui que les circonstances ont placé à son service.

— Vous soutenez là des idées révolutionnaires.

— Lorsqu'il est avéré qu'un gouvernement est devenu injuste, c'est un bien de s'en débarrasser. Appelez révolution les moyens préparés pour sa chute; n'importe ! La société demande à être délivrée, soit par des lois nouvelles, soit par la violence. Une révolution n'est injuste que lorsqu'elle est opérée sans motifs suffisants, ou dans un but criminel. Dans le cas qui nous occupe, c'est le plus sacré des devoirs.

— Je ne suis pas de votre avis. Selon moi, on devrait toujours rester dans la légalité et ne se servir que des moyens indiqués dans les constitutions de l'Etat.

— Je ne sache pas que les constitutions prévoient de pareilles choses. Quant à la légalité, elle peut être formée d'injustice.

Tenez, voilà le suffrage universel. D'après l'esprit de son institution, il doit faire connaître la volonté de la nation. Eh bien ! n'a-t-il pas été faussé d'une foule de façons. Conseillerez-vous, par exemple, pour changer le gouvernement de ne se servir que de ce moyen. Mais il est avéré aujourd'hui qu'il a un résultat menteur. On vole le scrutin, on intimide les faibles, on multiplie le nombre des scélérats pour grossir l'armée des tyrans. Irez-vous lutter sur ce terrain ?..

Non, non, il faudra avoir recours à la violence, il faudra imiter les communes courageuses. Trop longtemps tenues sous le joug de gens sans aveu, elles se sont débarrassées de leurs tyranneaux par une lutte ouverte. Sans doute plusieurs sont tombés ; c'est-à-dire que l'amende et la prison ont été infligées aux plus animés. Voilà les véritables héros. En fin de compte la victoire leur est restée. Ainsi en sera-t-il pour un peuple lorsque, en masse, il suivra ces salutaires exemples. Aujourd'hui l'injustice est puissamment organisée. La violence seule peut nous débarrasser d'elle.

Je parlais avec feu en disant ces choses. Aussi le curé n'osa pas me contredire plus longtemps. Je suis persuadé qu'il juge bien sévèrement ma doctrine et pourtant je ne vois pas ce qu'on peut objecter à ce que j'avance.

# LES DÉCEPTIONS

Je commence à reconnaître que la solitude ne vaut rien pour l'homme, fut-il deux fois philosophe. Et moi, qui pensais trouver le bonheur et la paix loin de toute relation ! La société m'a aigri par la multitude d'injustices qui y triomphent ; et voici que la solitude me pèse au point de me rendre encore plus malheureux.

Que la raison de l'homme est faible ! Que ce que nous appelons expérience diffère peu de l'ignorance ! L'homme simple est presque aussi avancé que celui qui a passé sa vie entière à rechercher le pourquoi de toutes choses.

Pour moi, malgré le travail d'une longue vie, lorsque je fais appel à ma raison, j'en arrive, presque toujours, à des conclusions que les faits condamnent. De sorte que pour vivre avec les hommes, sans les mépriser, je dois imposer silence à ma mémoire et faire taire ma philosophie.

Si je veux juger d'après les faits, on condamne mes principes. Si j'applique les principes universellement reconnus et acceptés, il me semble que je mens aux autres et à moi-même.

D'autre part que de déboires n'éprouvai-je pas ? si je veux être bon, je dois m'attendre à subir l'ingratitude, plus pénible à supporter que la méchanceté elle-même..... M'appliquerai-je à être indifférent? ma conscience se révolte..... Consentirai-je à être méchant? le remords torturera mon cœur.

Ma vie n'a été qu'une déception sans cesse renaissante.

L'amitié me promettait les douceurs d'un facile commerce, le secours dans l'infortune, la consolation dans le malheur. Je me suis dévoué. J'ai cru trouver des cœurs dignes de mon attachement et bientôt lorsque les situations ont changé après une oscillation de la roue de la fortune, j'ai dû fuir l'ami que je m'étais choisi, pour n'être pas obligé de le haïr. L'infortune a fondu sur moi ; alors celui que j'avais secouru, s'est retiré loin de moi; celui que j'avais consolé, s'est ri de mon malheur.

O vie! qu'es-tu donc? O société! pourquoi Dieu t'imposa-t-il aux hommes? Que je suis tenté de te mettre au rang de nos plus grands maux!..... Sans doute la société nous apporte des secours généraux qui peuvent, un moment, soulager nos souffrances matérielles; dans certaines situations, elle peut embellir notre existence; mais dans les grandes peines ; c'est-à-dire, alors que nous aurions le plus besoin de soulagement, la société nous abandonne, ou même, se met toute entière du côté de nos ennemis.

Les maîtres de ma jeunesse m'ont dit : « travaille: le travail est un trésor ; il doit un jour faire ta fortune et ta gloire: sois bon les hommes t'aimeront »..... Mes maîtres auraient-ils menti? Je préfère croire qu'ils se sont trompés. J'ai travaillé de toute l'ardeur de mes facultés. Je me suis efforcé de mettre la bonté dans mes jugements et dans mes actions. Qu'est-il advenu de tout cela?

Le travail n'a fait que me rendre malheureux, parce qu'il a fait grandir mon ambition. Ceux qui n'ont pas eu ma constance se sont ri de l'inutilité de mes efforts. Ils prenaient un méchant plaisir à paraître en ma présence, revêtus des glorieux insignes que leurs basses intrigues leur avaient obtenus.

Ils me disaient. « A quoi te sert d'avoir travaillé? « A quoi te servent tes connaissances si diverses? Le travail! Mais c'est l'esclave qui de sa sueur nourrit les humains: aussi le travail est méprisé: tandis que l'intrigue commande, règne, est honorée..... La science te rend fier; tu comptes sur ta valeur personnelle! C'est de la naïveté. Celui qui veut monter doit se faire rampant. »

J'ai été bon. A la vérité, ma conscience n'a pas manqué de m'encourager ; mais à quoi cela m'a-t-il servi pour la vie? Je connaissais suffisamment les faiblesses des hommes pour ne pas m'irriter de leurs inconséquences, de leurs fautes, de leurs crimes. J'ai toujours eu une excuse pour celui qui tombe. Voici que cette mansuétude a été tournée en dérision. Je me suis vu en butte à la calomnie, à la méchanceté de tous; parce qu'on était assuré que je ne répondrais pas aux coups qu'on me portait.

Ah! si j'avais été méchant, on m'aurait respecté. La crainte qu'on inspire est une sauvegarde, aussi le méchant, comme le puissant, voit ses crimes eux-mêmes devenir un sujet de louange : Le méchant est toujours puissant; car tout le monde le redoute. L'homme débonnaire seul, est insulté. Siégerait-il sur un trône d'empereur entouré de mille janissaires, l'homme au cœur bon sera toujours persécuté. Sans doute, un moment, il entendra les malheureux, le remercier des secours qu'ils ont reçus de lui; car celui, dont on adoucit la souffrance, pousse d'abord un cri de reconnaissance vers son bienfaiteur: mais bientôt cette reconnaissance lui pèse, au point que, pour s'en délivrer plus facilement, il se hâte de passer dans les rangs ennemis.

Longtemps je me suis entretenu de ces pensées amères. Elles m'étaient suggérées par le souvenir des nombreuses déceptions que j'ai éprouvées pendant ma vie.

Je les ai communiquées au curé qui me demandait la cause de la tristesse peinte sur mon visage.

— Vous devez avoir beaucoup souffert, me disait-il; une longue suite de malheurs est seule capable de mettre tant de tristesse dans le cœur d'un homme. Vous devez haïr ou mépriser les hommes.

— Oh! non. Je ne les hais, ni les méprise. Pourquoi accuser les hommes de leur impuissance à nous rendre heureux. Les vrais coupables, c'est nous-mêmes. Il est insensé d'attendre des autres ce qu'ils ne peuvent nous donner et que nous ne pourrions pas leur rendre. J'en veux au mauvais système d'éducation d'après lequel on s'efforce de nous former à la vie.

Voyez-vous, Monsieur le curé, c'est de

notre imagination que nous vient tout le mal, c'est elle qui nous rend malheureux.

Les hommes éprouvent des déceptions parce que tous, dès l'aurore de leur existence, se représentent la vie plus belle qu'elle ne saurait l'être.

L'homme connaît la douleur avant toutes choses; l'enfant vient au monde en pleurant. Cependant, malgré la souffrance, l'homme s'attache à la vie et tous autour de lui s'appliquent à la lui faire aimer. On fortifie en lui, de toutes manières, l'espoir de voir des peines finir et le bonheur arriver.

Tout le monde lui ment. Pieux mensonge si vous le voulez; mais funeste tromperie !

De cette espérance, ainsi ensemencée dans notre âme, naissent des illusions..... Multipliées à leur tour, par notre imagination elles unissent leurs charmes trompeurs, comme pour préparer à l'avenir une plus grande somme de douleurs:

Ainsi l'homme n'est si malheureux qu'à cause de l'espérance.

— Vous me surprenez étrangement! s'écria le curé. C'est la première fois que j'entends émettre une pareille théorie. J'ai toujours pensé, avec le grand nombre, que l'homme serait plus malheureux sans espérance. Des anciens, eux-mêmes, pour perpétuer la vérité de cette observation ont imaginé la fable de la boîte de Pandore, qui, après avoir perdu ce qu'elle contenait, garda au fond l'espérance.

— Vous me parlez poésie et moi, je reste dans la pratique de la vie.

Il s'agit donc, pour nous entendre, de rester sur le même terrain. Je dis que l'espérance, telle qu'on l'entend parmi les hommes, nous rend malheureux; car il vient un moment, où elle n'a plus rien qui puisse entretenir nos illusions. « On désespère, alors qu'on espère toujours. »

— Cependant, pourquoi Dieu nous fait-il un devoir de toujours espérer? Pourquoi le désespoir nous apparaît-il comme le plus grand des malheurs?

— Je vois qu'avant de pousser plus loin notre raisonnement, il est nécessaire de faire usage des distinctions de la scholastique.

L'espérance, basée sur la parole de Dieu

qui nous promet le bonheur éternel, cette espérance nous devons la conserver envers et contre tous: car c'est là tout notre bien. En nous faisant un devoir d'espérer Dieu se montre généreux.

Mais il s'agit ici de la vie de la terre. Or Dieu ne s'est jamais porté garant de notre bonheur ici-bas. Nous ne sommes assurés de rien ; je persiste donc à dire que l'espérance du bonheur en ce monde est un leurre. Puisque le bonheur n'habite pas la terre, l'espérance ne fait qu'entretenir les illusions. D'où je conclus qu'espérer, *dans ce sens*, c'est se préparer le malheur ou plutôt la douleur pour les jours de l'âge mûr et de la vieillesse.

— Vous conviendrez, du moins, que les années pendant lesquelles nous espérons seront moins malheureuses. Alors, sans nous arrêter aux souffrances du moment, notre pensée se portera vers l'avenir qui nous sourira, avec toutes les joies dont nos illusions l'auront revêtu.

— En effet, c'est bien là ce qui arrive malheureusement, pour la plupart des hommes. La jeunesse ne doute de rien. Elle supporte tout de gaieté de cœur, parce qu'elle espère tout de l'avenir. Mais viendra un moment où ce mirage n'aura plus aucun attrait, parce qu'il nous aura trop souvent trompés. Alors que nous restera-t-il ? Une somme de douleurs plus grande, augmentée de toutes nos déceptions. Ainsi pour un bonheur imaginaire, nous nous serons étudiés à nous préparer un avenir réellement affreux.

— J'ai toujours ouï dire, Monsieur, que l'homme ne vit jamais de présent et que sa pensée le transporte toujours vers l'avenir. C'est dans sa nature d'aspirer sans cesse vers l'inconnu. Il est donc heureux pour lui que cet avenir lui apparaisse enrichi de tout ce que ses désirs appellent.

— « L'homme ne vit jamais de présent. » En cela je suis complètement de votre avis mais l'avenir n'attire pas toujours son attention. Vient un âge où l'homme vit surtout de passé. Avez-vous, quelquefois, conversé avec des vieillards ? N'avez-vous pas remarqué avec quelle complaisance ils reportent leurs pensées vers les années de leur vie écoulée ? Eh bien! s'ils ont vécu, c'est-à-dire s'ils ont réfléchi, ce retour vers le passé sera pour eux d'autant plus pénible qu'ils compteront plus nombreuses les déceptions éprouvées. Aussi ils ne manquent pas alors de reporter sur l'avenir toute l'amertume que leurs illusions tombées ont amoncelée dans leurs cœurs.

— D'après vous l'homme ne devrait rien attendre de l'avenir ?

— Du moins il ne peut compter sur rien. Il sera sage de préparer l'avenir en se servant du présent, s'il souffre, ce n'est pas par le seul espoir de la fin de cette souffrance qu'il peut se croire moins malheureux; mais seulement par les moyens qu'il prendra pour la faire cesser ou l'amoindrir.

— Mais c'est encore là l'espérance.

— Je m'explique. Nous devrions, dès les premiers jours de notre raison, nous dire à nous-mêmes, avec conviction. « La vie est un composé d'infortunes et de souffrances dont je serai nécessairement une des victimes. Mais il faut combattre, sans espérer toutefois remporter une victoire complète. Le moins malheureux sera celui qui saura adoucir le choc de la douleur La joie et le bonheur n'habitent pas la terre. Nous n'en voyons, ici-bas, qu'un céleste reflet. Travailler à leur conquête pour en jouir pendant la vie ce serait me préparer des déceptions sans nombre, portant un avenir malheureux. »

Il ne faut donc pas nous faire illusion à nous-mêmes, ni entretenir chez ceux que nous devons instruire un espoir trompeur. Ce serait leur rendre un mauvais service que de leur représenter la vie, sous des couleurs qu'elle ne peut avoir. Sachons vivre de réalité, afin d'être préparés à supporter plus courageusement les coups de l'infortune. Usons du présent non pour un avenir meilleur sur la terre, mais pour l'avenir que Dieu prépare à nos âmes. Lui ne nous trompera pas; tandis que nous devons être toujours en garde contre les hommes et les évènements de la vie.

Vous voyez en moi, Monsieur le curé, une des grandes victimes de la vie, parce que plus que personne peut-être on m'apprit à compter sur l'avenir.

Cet avenir, le temps l'a fait s'effeuiller sous mes yeux et je n'ai pu que constater la vanité de mes efforts. J'ai été malheureux, non pas que le sort se soit montré envers moi plus cruel qu'à l'égard de beaucoup ; mais parce que, plus que personne, j'avais compté sur la vie et sur les hommes.

C'est pour cela que je crie à la génération qui me suit, n'espérez rien pour l'avenir, ni de votre bonté, ni de votre talent, ni de l'amitié, ni de la puissance. Attendez-vous sans cesse aux rigueurs du sort. Ainsi vous vous épargnerez bien des déboires. Espérer le bonheur sur la terre que dis-je, *espérer qu'on rendra justice à vos mérites*, c'est entretenir le mensonge qui tôt ou tard vous tuera, après vous avoir fait beaucoup souffrir. Espérez, oui, espérez mais en Dieu seul ; car, seul, il ne trompe pas.

Notre conversation roula toute la soirée sur ce sujet mélancolique. Nous semblions nous complaire, le curé et moi, dans ces idées tristes. Il est en effet des heures où la tristesse s'empare de nos âmes comme pour les retremper en vue de nouveaux combats.

# LES PAYSANS ET LES CONTRIBUTIONS

La mère de Jacques nous est arrivée hier. C'est là un évènement pour le Chalet. Cette bonne femme a été tout heureuse d'embrasser son fils. Celui-ci ne se possédait pas de joie. Malgré ses trente-six ans sonnés, il est resté vis-à-vis de sa mère comme l'enfant qui a encore besoin de l'amour maternel. Ce garçon ne s'est attaché d'amour à personne. Son cœur n'étant pas occupé d'autres affections a gardé toute sa tendresse filiale.

En effet, nous ne devons pas nous le dissimuler. Un cœur ne peut conserver à la fois plusieurs affections. L'une chasse l'autre, ou si elle ne la détruit pas complètement, l'ancienne est toujours amoindrie par la nouvelle qui surgit.... Elle ne le sait que trop la mère qui découvre les premières amours de sa fille. Elle pleure, parce qu'elle sent qu'elle va perdre de son affection.

Ensemble, ce matin, Jacques, sa mère et moi, nous nous sommes dirigés vers le village où nous avons assisté à la messe.

Après l'Office, pendant que le curé faisait son action de grâces, j'ai causé avec les paysans devant la porte de l'Eglise. Je suis déjà pour eux une connaissance, bien qu'ils n'aient pas souvent l'occasion de me voir : car jusqu'ici, j'ai gardé strictement ma solitude. Je suis pour eux le « Monsieur du Chalet ». Le fait seul de mon voisinage me fait regarder comme un des leurs. On a tort, et volontiers je le dis après le curé, on a tort, dis-je, de se représenter les paysans comme grossiers et sans éducation. Ils ont une politesse naturelle qui pourrait souvent faire rougir celle des citadins.

Ils m'ont vanté la coquetterie de ma

résidence. Je leur ai parlé de leurs travaux et me suis intéressé à leurs récoltes. En général, ils sont assez contents de leur sort. Ils avouent hautement que, si ce n'était les impôts, ils pourraient vivre sans trop de soucis.

— Ainsi, Monsieur, disait un de ces petits propriétaires, avant que j'aie soustrait de mes recettes les 300 francs de « taille » que je donne tous les ans au gouvernement, il ne me reste plus de profit.

— Mais, répliquais-je, si vous payez 300 francs de contributions, cela suppose que vous recueillez beaucoup.

— Cela ne suppose rien du tout. Il est rare que toutes nos récoltes réussissent chaque année. Tantôt c'est le froid qui tue les fleurs des amandiers ; tantôt c'est la grêle qui ravage nos vignes ; d'autrefois la maladie fait périr nos troupeaux ; d'autres fois encore et bien souvent la sécheresse nous afflige. Et cependant il faut toujours avancer les 300 francs au trésor public.

— Sans doute ; mais ne faut-il pas aussi que l'état se soutienne et achève les œuvres commencées. Voyez : que de routes ouvertes et bien entretenues ; que de monuments publics qui font l'ornement des villes ; votre école aux vastes proportions..... et puis voyez combien belle est notre marine combien nombreuse notre armée.....

— Tout cela est très beau, Monsieur, et je ne marchanderais pas mon admiration, si je n'étais pas une des victimes de toutes ces merveilles. Vous vantez les choses qu'on fait aujourd'hui, vous avez raison ; car on opère des prodiges ! Mais je suis d'avis qu'on va trop vite et qu'on fait trop à la fois.

On nous dit que le chiffre des contributions augmente à cause des améliorations et des embellissements opérés. Soit ! mais à chaque jour suffit sa peine. Il faut laisser quelque chose à faire aux générations qui suivront..... Ce serait d'un orgueil funeste que de nous échiner pour avoir l'occasion de porter un défi à nos petits fils. On ne doit pas nous ruiner pour le seul plaisir de paraître magnifiques.

Nous paysans, nous vivons d'économie. Une nombreuse famille..... Il faut penser à l'établissement des enfants, à leur trousseau. Je vous affirme, Monsieur que l'Etat nous prend sur le nécessaire afin de faire grandir sa gloire. La preuve en est dans les nombreuses expropriations qui ont lieu. Car vous le savez: si nous n'avons pas de quoi nous libérer envers l'Etat, nous sommes obligés d'emprunter, et d'emprunt en emprunt, d'intérêts en intérêts le paysan en vient malgré un travail pénible et constant, à devoir tout ce qu'il possède.

Que dire à tout cela?

Malgré ma bonne volonté à défendre nos institutions, je ne trouvais rien à répliquer. Je me contentai à faire appel à leur résignation. Certes, ils le sont bien résignés, ces braves gens! Sans cela je me demande ce qu'il adviendrait.

Et dire que d'un côté on leur prêche la révolte; tandis que du côté du pouvoir, on est convaincu que tout va pour le mieux dans notre beau pays de France!

Ah! mon ami, puisque tu es député, profite de toute occasion pour prendre à la Chambre le parti des paysans. C'est la portion la plus intéressante de notre société....

A table nous causâmes de choses et d'autres, surtout des mœurs des paysans de ces contrées.

— Savez-vous, Monsieur le curé, lui dis-je, que vous avez des paroissiens modèles. J'ai été vraiment édifié de leur piété et de leur recueillement.

— En effet, répondit-il, je suis heureux de leur progrès dans la vertu. Puisse le bon Dieu être content de leurs efforts. Il m'arrive souvent, à ce sujet, d'entretenir des pensées d'amour-propre. Il me semble que je suis pour quelque chose dans tout cela.

— Pouvez-vous en douter? m'écriai-je.

— Nous sommes dans les œuvres de Dieu, comme la mouche du coche. Nous nous démenons, nous bourdonnons, nous piquons, nous encourageons: Mais nous serions bien malvenus de nous attribuer la moindre gloire des améliorations qui s'opèrent dans les âmes.

— Non, ce n'est pas là mon avis. Sans doute les hommes, entre les mains de Dieu, ne sont que des instruments; mais des instruments intelligents. Vous avez par conséquent du mérite à accomplir des œuvres de zèle. Il ne vous est pas défendu de vous rendre à vous-même le témoignage d'avoir bien rempli votre devoir. C'est là un encouragement bien légitime.

Une chose entre autres qui m'a surpris dans ce village, c'est la politesse de ses habitants, non seulement ils lèvent le chapeau sur mon passage; mais presque toujours, ils ajoutent à leur salut une parole aimable. On a dit et écrit tant de mal des paysans, que j'étais loin de m'attendre à les trouver ainsi.

— Je suis très heureux de ce que vous me dites, je crois avoir contribué pour beaucoup à ces échanges de politesse. Lorsque j'arrivai ici personne ne saluait; c'est à peine si, en me rencontrant, on m'honorait d'un regard de travers. D'abord je pris cette froideur pour de la malveillance à mon égard ; mais bientôt je me convainquis que c'était le manque d'usage qui les faisait agir de la sorte. Dès lors je me fis un devoir d'arrêter tout le monde au passage. Non seulement je saluais le premier; mais j'avais toujours une bonne parole à leur adresser. Insensiblement tous nos paysans prirent cette coutume et ils en sont arrivés à saluer les premiers, et qui plus est, a interrompre leurs travaux pour échanger quelques paroles avec leur curé. Je suis très heureux qu'ils en agissent avec vous de la même façon. Comme vous le voyez, Monsieur, on accuse les paysans à tort. Souvent ce qu'on appelle grossièreté chez eux n'est que le fait de l'ignorance. Souvent aussi, il faut bien l'avouer le mépris avec lequel on les traite provoque chez eux la défiance.

Après le déjeûner, Monsieur le curé a dû s'absenter pour visiter un malade. J'ai profité de cette circonstance pour faire une visite au représentant de l'autorité locale. Quelle n'a pas été ma surprise de voir entre les mains de ce maire laboureur un journal et quel journal !

Devinez, je vous le donne en cent.....

..... *Le Figaro!*

La conversation s'engage et je constate que ce brave homme est loin d'avoir fait ses classes.

Certes je ne le méprise pas à cause de cela. Bien au contraire! Mais je ne puis m'empêcher de constater que la magnifique prose de Granlieu s'est trompée d'adresse. C'est, sans doute, pour se donner un peu plus de relief parmi ses administrés que le maire a voulu recevoir un journal de Paris et il a choisi celui qui avait des proportions physiques très respectables. Mon Dieu! Il comprend autant qu'un autre les théories qu'on lui sert chaque jour. Cependant je me demande si la peinture de la haute société, si le récit de toutes les fêtes du hig-life ne contribueront pas à lui faire mépriser peu à peu sa vie de cultivateur. Mais qu'y faire? Lui conseiller d'abandonner la lecture du journal? Il ne manquerait pas de m'accuser de vouloir porter atteinte à sa liberté..... Lis, lis donc, brave homme et si jamais tu en viens à te croire malheureux d'accuse que toi de ton malheur imaginaire.....

. . . . . . . . . . .

Le curé m'a parlé longuement des environs, il m'a entretenu de Cornils, un couvent en ruines de Gibret, forteresse autrefois célèbre etc., etc.

Je me propose bien de faire revenir la conversation sur ces sujets qui ne m'ont pas paru sans intérêt. Pendant mes heures de récréation, je veux parcourir tous ces lieux voisins de ma solitude.

Le soir était arrivé et nous causions encore. Le bon curé se dédommage, en ma compagnie, des journées bien longues qu'il passe dans un silence forcé. De mon côté, je l'encourage volontiers.

# LA CLOCHE DE CORNILS

..... Après le déjeûner nous sommes allés visiter les ruines de Cornils. Chemin faisant nous avons encore échangé quelques paroles sur le sujet qui nous avait occupé jusque là; mais le grand air, la beauté du paysage ont eu bientôt fait de détourner notre conversation.

Nous marchions lentement et l'un à la suite de l'autre dans ces sentiers tracés par les troupeaux. Bientôt, à nos regards, se sont montrées les ruines de Cornils, amoncelées sur le sommet d'une montagne taillée presque à pic.

— Sont-elles bien anciennes, ces ruines? dis-je au curé.

— Bien avant 1793, le couvent des religieuses de Nonnenge avait été délaissé, puis morcelé et vendu à des particuliers. Plusieurs familles vinrent s'y établir. A cette époque d'après la tradition, le pays était misérable. On ne voyait aucune trace de culture à deux lieux à la ronde. Toutes les plantations du monastère avaient été dévastées: les champs laissés en friche ne produisaient que des buissons de genêt épineux. Aussi la seule ressource des trois ou quatre familles de Cornils était dans leurs maigres troupeaux. Si vous le voulez bien, je vous raconterai une légende qui vous intéressera peut être.

— Je ne demande pas mieux. Asseyons-nous sous ce noyer. Il fait d'ailleurs encore trop chaud pour entreprendre cette pénible ascension.

Après nous être installés sur la mousse fraîche, le curé reprit en ces termes:

Le monastère était depuis longtemps désert. La plupart de ses appartenances tombaient en ruines, lorsque les familles vinrent s'y établir on dût élever des cloisons pour diviser les grandes salles et en faire des pièces d'une étendue plus commode aux petits ménages. De temps à autre, on avait à boucher des lézardes qui s'élargissaient, à consolider des murs qui s'affaissaient. Ces soins n'étaient donnés qu'à la partie habitée, tout le reste s'effondrait sous l'œuvre du temps que rien ne venait combattre. Cependant, chose extraordinaire, la chapelle du couvent restait intacte; elle semblait défier les siècles. Était-elle protégée par les anges, comme on se plaisait à le répéter dans le pays?.....

Toujours est-il, que ses murs, construits en pierres choisies, ne présentaient aucune fissure, que la voûte résistait à l'intempérie des saisons, bien que le toit ne la protégeât plus depuis de longues années.

Le petit clocheton portait encore assez crânement sa cloche, toute d'argent, assurait-on. Elle était presque toujours silencieuse, la cloche de l'ancien monastère. Autrefois, joyeuse et mutine, elle se faisait un plaisir de réveiller, à tout instant, les échos d'alentour: aujourd'hui triste et silencieuse, c'est à peine si elle consentait à se faire entendre trois fois dans l'année : la nuit de Noël, la nuit de St-Jean, et le jour des Morts. Mais alors elle parlait fort et longtemps. Les habitants de Cornils tenaient à grand honneur de la sonner chacun à son tour. Comme aucun d'entre eux ne pouvait ou ne voulait faire la dépense d'une corde, il fallait monter jusque sur le clocher. On y arrivait par un petit escalier qui existe encore en partie.

Cette cloche avait sa légende. Un jour que les brigands de Gibret tantaient de surprendre le couvent pour le dévaliser, pendant la nuit, la cloche d'argent sonna toute seule, sa voix mit en fuite les voleurs. Une autre fois, une main sacrilège ayant mis le feu à l'Eglise, la cloche avait donné l'alarme et l'incendie avait pu être maîtrisé à temps.

On rapportait ainsi une foule de circonstances où la cloche avait rendu des services signalés. Aussi était-elle entourée de respect et de vénération !

Lorsque le monastère fut déserté, personne ne songea plus à la cloche devenue muette.

Cependant les habitants de Cornils aimaient, eux, à rappeler les services qu'elle avait rendus jadis.

Un soir d'hiver, les trois ou quatre familles se trouvaient réunies chez Martineau qui habitait l'extrémité de l'aile du levant. Pendant que les enfants prenaient leurs ébats dans la vaste cuisine et que les femmes filaient les tiges de genêt, les hommes, assis devant la grande cheminée, rappelaient les histoires des temps anciens. La conversation tomba sur la cloche, et chacun de raconter ce qu'il avait entendu dire de merveilleux à son sujet. Seul, le front courbé le visage comme soucieux, seul Martineau gardait le silence. Il était absorbé par ses réflexions, si bien qu'il ne répondit pas à une question que lui fit le père Guilhem.....

On se contenta de sourire de la distraction du vieux et la conversation suivit son train L'heure du coucher arriva, on fit la prière en commun selon la louable coutume de ces temps et puis chacun se retira pour prendre le repos de la nuit.

Depuis bientôt deux heures, tout dormait

dans Cornils, Martineau seul veillait assis dans le coin de la cheminée, il regardait la flamme vacillante du feu qui commençait à se couvrir de cendres; mais le vague de son regard lui-même indiquait la fixité de la pensée qu'il entretenait. Enfin il se lève; allume une lanterne sourde et descend dans la cave, l'ancienne cave du couvent qui lui sert de bergerie et d'étable. Il y prend un gros paquet de cordes qui lui servent à diriger son attelage au labour, arme ses mains d'une pince et d'un lourd marteau et remonte dans la cuisine.

Après avoir déposé ces divers instruments il se dirige vers une alcôve d'où part le bruit d'une respiration forte et régulière.

— Frédéric, Frédéric, murmura-t-il à plusieurs reprises..... Mais Frédéric est plongé dans un sommeil profond. Aussi son père est obligé pour le réveiller de le secouer plusieurs fois.

La jeunesse, dit-on, dort les poings serrés, et Frédéric est jeune. Il a 22 ans à peine. Fils unique de Martineau, il en a la taille et la vigueur; mais les traits de son visage et son caractère, il les tient de sa mère, douce personne, dont la sérénité fait contraste avec la rudesse et la taciturnité de son mari.

— Lève-toi, dit le père.

— Que se passe-t-il? demande le jeune homme.

— Suis-moi, tu le sauras bientôt.

Quelques instants après, le père et le fils s'entretenaient à voix basse, afin de ne pas éveiller les gens de la maison. Ils ne paraissaient pas s'entendre, Frédéric se récriait sur ce que lui proposait son père. C'est qu'il ne s'agissait de rien moins que de décrocher la cloche !..... Le père voulait l'enfouir dans un lieu retiré « d'où plus tard, disait-il, nous viendrons la prendre. En la vendant aux faux monnayeurs nous en retirerons une somme bien ronde. »

Mais l'appât de l'or n'avait aucune prise sur l'âme du jeune homme qui se refusait obstinément à aider son père dans cette œuvre sacrilège.

— Tu es un sot, lui dit enfin le vieux, qui perdait patience. Ne vois-tu pas que c'est là l'unique moyen de faire consentir le père de

Zélie à votre mariage?..... Encore aujourd'hui, j'ai parlé au père Mathieu. Il refuse toujours, disant que sa fille peut prétendre à un meilleur parti.

Parler à Frédéric de Zélie, c'était lui inspirer toutes les audaces. L'espoir que son père faisait luire à ses yeux le rendit criminel. Il n'hésita plus et suivit docilement en portant la lanterne.

Après avoir traversé la vaste cour déserte et toute couverte des ruines des murs écroulés, ils s'engagèrent tous les deux dans un souterrain qui conduisait à l'escalier du clocher. Les épaisses ténèbres de ce lieu, l'humidité qui suintait des murs et qui rappelait le séjour des tombeaux, le cri des chauves-souris qui s'envolaient effrayées et pardessus tout le remords qui commençait à les étreindre, tout cela était bien de nature à les faire hésiter dans leur œuvre inspirée. Mais Martineau pensait à l'argent, Frédéric voyait déjà Zélie devenue sa femme. Cet espoir soutenait leur audace.

Tout-à-coup, devant eux, se dresse un homme d'une taille gigantesque. Il est enveloppé d'un grand linceul, qui ramené sur sa tête, ne laisse voir que ses yeux ; mais des yeux terribles, semblables à des charbons ardents.

— Sacrilèges, leur dit-il d'un ton menaçant. Oserez-vous porter la main sur un objet sacré, respecté par le temps lui-même!.....

Martineau s'était arrêté immobilisé par la terreur et son fils prosterné devant le fantôme lui demandait pardon.

— Dieu le sait, disait-il avec des sanglots dans la voix. C'est l'amour qui m'avait tourné la tête. Mon cœur se refusait à commettre ce crime !

— Je vous pardonne, dit un moment après la vision, et puisque vous écoutez si docilement ma voix, je veux aider au mariage de Frédéric et de Zélie, en vous donnant plus d'or que vous n'en retireriez de la vente de la cloche.

Alors il leur indiqua une marche de l'escalier en les invitant à la soulever, puis il disparut.

Les deux hommes, tremblants de frayeur, hésitèrent quelques temps. Enfin ils se mirent à l'œuvre. Quel ne fut pas leur étonnement et leur joie en découvrant une cassette toute pleine de pièces d'or.....

Un mois après, Cornils célébrait pompeusement les fiançailles de Frédéric et de Zélie. Les invités étaient nombreux. Tout le monde paraissait surpris de cette alliance. On ne pouvait s'expliquer comment le père Mathieu d'ordinaire si positif dans ses calculs avait pu consentir à donner sa fille au fils Martineau. « Celui-ci fait un bon coup » disaient les envieux. En effet toute sa fortune connue ne valait pas la moitié de la dot de Zélie.

Cependant le secret de la fortune subite de Martineau transpira. Voila pourquoi l'escalier du clocher perdit successivement presque toutes ses marches. Il devint bientôt impossible de monter jusqu'à la cloche. Cependant, en reconnaissance de la magnifique trouvaille et de l'heureux évènement qu'elle avait amené, Frédéric acheta une belle et bonne corde pour sonner les jours traditionnels. Il se constitua pendant toute sa vie le gardien de la cloche. C'est toujours avec respect qu'il en parlait à ses enfants, mais toujours, il taisait avec soin le motif sacrilège de son excursion, la nuit du 20 décembre.

Ce ne fut que plus tard, après la mort de son mari, que Zélie, depuis longtemps grand'mère, dévoila le secret dont la tradition s'est emparée et qu'elle a transmis jusqu'à nous. Les révolutionnaires de 93 démolirent une partie de l'Eglise dont il ne reste plus aujourd'hui que le sanctuaire; mais la cloche, dit-on, ne fut pas profanée. Un des petits fils de Frédéric la descendit du clocher. Personne jusqu'ici n'a pu découvrir l'endroit où elle fut cachée; car celui-ci mourut avec son secret.

Cette légende est la cause de tous les bouleversements qu'ont subis les environs de Cornils. Les petits propriétaires n'ont pas manqué de défoncer profondément leurs champs dans l'espoir d'une riche trouvaille. Personne probablement n'a retrouvé la cloche d'argent; mais il est résulté de tous ces travaux qu'aujourd'hui le plateau de Cornils est un des plus fertile des environs, c'est là un nouveau bienfait de la cloche.

De nos jours, il n'y a guère que les pâtres et les savants qui explorent les ruines. Les premiers vont à la recherche des merles qui nichent nombreux dans les buissons de la grande cour. Les seconds fouillent chaque monceau de pierres. Il leur arrive fort souvent de se méprendre sur la valeur de leurs découvertes. Plus d'une fois les débris de la vaisselle du ménage de Frédéric ont été recueillis comme précieuses reliques des temps Gallo-Romain. C'est, dit-on, le fantôme de Martineau qui erre sur les ruines de l'ancien couvent et prend plaisir à se moquer ainsi de la science du XIXe Siècle.

# LES RUINES ET LE SQUELETTE

---

Quand le curé eut fini de parler, nous nous levâmes et lentement, péniblement nous gravîmes la colline de Cornils.

Dans le silence qu'impose cette rude ascension, nous entendons le bruit de notre respiration oppressée. Un quart d'heure après nous arrivons sur le plateau. Il est, en effet, bien cultivé. Un troupeau de brebis y broute l'avoine encore verte, pendant que le berger, un homme à barbe grise et cheveux blancs, fredonne d'une voix tremblotante les gaies chansons de sa jeunesse. A notre vue il interrompt son chant et nous salue timidement.

— Eh bien, Fulcrand, lui dit le curé, vos brebis ont certes de quoi brouter ici.

— Pas trop, Monsieur le curé.

— Comment ? pas trop ! Elles ont de l'herbe jusques au ventre et vous osez vous plaindre ?

— Oui, mais elle est dure.

— Ah ! voilà. Il y a quinze jours, l'herbe, disiez-vous, était trop tendre pour tenir du profit. Aujourd'hui elle est trop dure. Avouez que vous n'êtes jamais content. Cependant votre troupeau est le plus beau des environs.

Le berger répond par un sourire de satisfaction.

— Dites, Fulcrand, reprend le curé, ne savez-vous pas si les travailleurs ont laissé quelques outils.

— *Si fait*, Monsieur, vous trouverez une pelle et une pioche sous le petit porche.

— Merci.

— Nous nous dirigeons vers le lieu indiqué. C'est un reste de casemate ou de cave dont la voûte se lève un peu au-dessus d'un amas de ruines informes.

— Que voulez-vous donc faire de ces

outils ? demandai-je au curé. Conservez-vous l'espoir, vous aussi, de quelque riche découverte?

— Non, me dit-il, je veux seulement vous montrer une chose à laquelle j'attache une certaine importance et que vous ne serez peut-être pas fâché d'avoir vu.

Le curé s'arme de la pioche. Je prends moi-même la pelle, et nous voilà parcourant les ruines.

Quelques pans de mur accusent encore la forme primitive de l'ancien monastère ; mais ces murs eux-mêmes ont été fouillés. Ils ont perdu tous leurs ornements. Il ne reste plus aucune pierre de marque. Tout a été pillé. La grande porte d'entrée n'est plus aujourd'hui qu'une grande ouverture. Toutes ses sculptures ont disparu. On peut voir la place de la clef de voûte sur laquelle, dit-on, étaient gravées les armes de l'ancien couvent. Le voleur de cette pierre est connu. C'est, assure-t-on, le curé d'un village voisin qui vint de nuit pour l'enlever. Elle avait été respectée jusque là. Les habitants de Beauregard, qui se fournissent de pierres de taille aux ruines de Cornils, avaient toujours résisté à la tentation de s'en emparer. Ils lui avaient même voué un certain culte de souvenir. Mais rien n'est sacré pour un archéologue, fût-il un saint curé.

Nous arrivons à la chapelle par une brèche que la main sacrilège des hommes a pratiquée dans le mur. Mon étonnement a été grand à la vue du sanctuaire bien conservé. Facilement on peut reconnaître la place de l'autel enlevé. Une belle fenêtre en ogive, porte la trace des grilles qu'on lui a arrachées. La voûte est en moellons de pierre assez grossière, mais le tout est bien conservé. Les nervures sont presque intactes.

Pendant que j'examinais attentivement ces reliques d'une époque qui n'est plus, le curé s'était déjà mis à l'œuvre. Il piochait avec ardeur dans l'angle du côté du couchant. En présence de cette ardeur je ne pouvais rester indifférent. Je me suis armé de la pelle et en un clin d'œil nous avions ouvert une fosse. Puis le curé a soulevé avec précaution trois ou quatre briques de grande dimension. O surprise ! Un squelette des mieux conservés était enfermé dans ce tombeau séculaire.

— Je ne puis croire, dit le curé, que ce squelette date de bien loin ; car remarquez, je vous prie ; les deux rangées de dents sont intactes et les os ne sont pas encore desséchés.

— Pourtant, ai-je répondu, la forme du tombeau est fort ancienne.

— Sans doute ; mais ce tombeau peut avoir servi deux fois.... Un homme disparut il y a soixante ans environ, sans qu'on ait jamais pu savoir ce qu'il était devenu. Ne serions-nous pas en présence de son squelette. Mais nous reparlerons de cela. Il est déjà tard, il faut penser au retour.

Quelques minutes nous suffirent pour remettre tout dans le même état.

Le soleil commençait à plonger derrière les montagnes, nous quittâmes les ruines de Cornils.

Le soir me trouvant seul dans ma chambre, je réfléchissais à tout ce que j'avais vu et entendu. La cloche de Cornils, le squelette, les ruines, tout cela se dressait devant moi en des proportions grandioses et je me croyais transporté à deux cents ans de distance. La solitude et des idées lugubres, c'est trop à la fois !.... Aussi pour faire diversion, j'ai lu une pièce de Molière. Mais c'est en vain que je veux me distraire : Ma pensée se reporte toujours vers les ruines et les tombeaux. Je vois encore le squelette couché dans sa tombe.... Dans ce crâne dénudé, me dis-je, l'intelligence avait son siège. Peut-être que cet homme avait formé des rêves ambitieux. Il n'a pu les réaliser, car cette tête m'a paru bien jeune..... Comment est mort celui à qui elle appartenait ? Je l'ignore.... A-t-il souffert en passant de la vie au trépas ?.. A-t-il regretté l'existence ?.. Mais pourquoi le plaindrais-je ? Ceux de ses contemporains, qui ont atteint une vieillesse avancée, sont morts, eux aussi, avec plus de regret peut-être; car une longue vie fortifie le lien qui nous attache à la terre.

O vanité du temps et de la vie ! Dans moins d'un siècle, peut-être un savant curieux tiendra mon crâne dans ses mains.

Il examinera les lignes de mon visage osseux, comme moi je viens de contempler l'œuvre de la mort sur ce squelette d'un inconnu.... Que sommes-nous donc ? Oh ! plus que cela. Je n'ai vu que l'enveloppe calcinée d'une âme qui jouit aujourd'hui des splendeurs de l'immortalité !......

# LE DÉVOUEMENT

. . .     Le curé m'est arrivé préoccupé. Je me suis permis de lui demander la cause de son ennui.

— Oh ! ce n'est rien, m'a-t-il répondu. Avant une heure, il n'y paraîtra plus.... Je ne puis m'empêcher de gémir sur la cupidité des hommes qui agissent si souvent d'une manière intéressée. Je les voudrais autrement.

L'homme au caractère bien trempé donne à ses actions un mobile plus élevé. Sa récompense la plus grande devrait être celle qu'il trouve dans la satisfaction du devoir accompli. Il devrait rougir à la pensée qu'on pourrait attribuer un autre motif à son dévouement.

— Ce sont là, Monsieur l'abbé, des principes excellents ; seulement, ils ne trouvent jamais d'applicatiou. La pratique fait toujours mentir cette belle théorie : « Chacun pour soi et Dieu pour tous » voilà la devise de tout homme sincère.

— Il me paraît, Monsieur Arsène, que c'est aussi la devise de l'égoïste. Mettre en pratique cet adage, c'est éteindre en soi la flamme du dévouement et de la charité. C'est détruire toute société, parce que la société ne peut se soutenir que par le dévouement de tous et de chacun.

— J'admire la beauté de vos théories et la persistance de votre naïveté ? Vous demandez à l'homme plus qu'il ne peut donner ; vous le voulez meilleur qu'il ne peut être..... Pendant cette vie, vous ne pouvez prétendre à une si haute perfection. Je dis même que Dieu seul peut la posséder.

L'égoisme, je crois, n'est autre chose que

le soin exagéré qu'un homme prend de ses intérêts personnels. Ce soin ne devient mauvais qu'autant que son exagération porte préjudice aux intérêts d'autrui. A part cela nous devons accepte l'égoïsme, puisque égoïsme il y a, comme une des vertus de l'humanité et le grand ressort de son activité.

— Ainsi vous avouez que le véritable égoïsme est un mal. Vous l'acceptez à cause du bien qu'il procure. Ce résultat ne change en rien son essence. Il reste mauvais : par conséquent on doit le combattre et votre devise ne saurait être acceptée.

— Ma devise « chacun pour soi » n'a rien de répréhensible : tout au plus si vous pourriez lui reprocher un peu de positivisme auquel, ni vous, ni moi, ni personne nous ne sommes capables de nous soustraire. Il est des vérités que les hommes n'osent pas formuler. C'est être enfant terrible que d'insister sur ces sujets. Je le dis bien haut. Tout homme est plus ou moins égoïste ; car l'homme est trop pauvre pour faire quelque chose pour rien.

Si c'est là un défaut, il ne lui est pas imputable: C'est sa nature. Les siècles, ni les philosophies n'y changeront rien. L'homme travaille, il se dévoue, il meurt même et tout cela, pourquoi?..... Pour acquérir une récompense.

Les héros du Christianisme n'ont pas agi pour un autre motif. Ce qui les distingua, ce qui nous les fait admirer, c'est le mobile de leur sacrifice. Ils ont donné à leur ambition une direction plus élevée.

On a dit que St-Vincent-de-Paul et Voltaire avaient le même tempéramment. Eh bien ! enlevez l'espérance du ciel et St-Vincent-de-Paul, l'apôtre du dévouement et de la charité, aurait peut-être vécu à la façon de Voltaire, sybarite. Les uns poursuivent la gloire, les autres les honneurs, ceux-ci les richesses, ceux-là les plaisirs, mais tous mettent un prix à leur dévouement.

— Votre raisonnement est spécieux. Je ne puis accepter notre conclusion qui heurte de front toutes les idées reçues sur ce sujet. Vous ravalez le cœur de l'homme. Il a droit d'après moi à plus de respect. Ainsi vous ne pouvez nier que toute récompense doit être équivalente au sacrifice accompli. Puisque vous me dites que l'homme ne fait rien pour rien, puisque selon vous, il compte si rigoureusement dans la pratique de la vie ; comment se fait-il que nous le voyons si souvent exposer sa vie pour un mince avantage ?

— Tout n'a qu'une valeur relative et le fabuliste a raison de dire que la perle la plus précieuse ne peut valoir un petit grain de mil, pour un coq pressé par la faim..... Un homme immensément riche ne se dérangera même pas pour une somme d'argent à l'acquisition de laquelle le pauvre consacrera l'activité de toute sa vie. Ainsi en est-il de toutes choses. La nécessité ou la fantaisie, qui engendrent le désir, augmentent la valeur de l'objet convoité.

Deux hommes qui se tuent en se demandant raison d'une parole insultante, ne croient pas payer trop cher de leurs jours la réparation qu'ils poursuivent..... Le soldat, qui meurt sur le champ de bataille, ne peut avoir que deux choses en vue : Ou bien éviter le déshonneur, qui le ferait rougir, ou bien, acquérir la renommée parmi les siens. Ainsi les uns et les autres travaillent pour leur intérêt personnel, c'est l'éducation et l'éducation seule qui inspire le choix.

— Que pensez-vous donc de l'amour patriotique?

— La patrie, c'est le pays où nous vivons le plus conformément à nos habitudes et à nos goûts. La patrie, nous l'aimons comme nous nous aimons nous mêmes. Nous la voulons belle et glorieuse parce que cela flatte notre amour propre: Mais ce sentiment est loin d'être désintéressé..... Quel est le but des guerres? La conquête. La conquête n'est belle qu'autant qu'elle augmente le bien-être des citoyens ou leur force. Elle leur donne alors l'espérance pour de nouvelles acquisitions. Comme vous le voyez l'amour patriotique n'est qu'une forme de l'amour personnel.

— Ainsi le patriotisme, tel que les hommes se le représentent, n'existerait que dans leur imagination.

— Le patriotisme existe; mais je lui donne une forme bien différente de celle dont vous voulez l'orner. Je le définis: *La poursuite du bien-être personnel combiné avec le bien-être général.* J'entends par *bien-être*, l'ensemble des choses qui constituent l'héritage de l'humanité, telles que: la science, la fortune, la religion etc., etc.

L'accroissement ou le perfectionnement de tout cela constitue le progrès.

— Vous n'admettez donc pas qu'un citoyen puisse gratuitement se sacrifier pour le bien général?

— Pas plus que je n'admettrais qu'il puisse se trouver un homme qui se tue sans motif. Le suicide veut se délivrer de la souffrance. Le martyr souffre en se sacrifiant; mais il attend une récompense qu'il estime toujours préférable à ce qu'il perd. Cette récompense lui vient de Dieu ou des hommes. C'est le ciel ou la renommée. C'est dans cette dernière catégorie que je range la plupart des martyrs de la patrie. Si le soldat sacrifie sa vie, c'est qu'il la prise moins que la gloire qui rejaillira sur son nom.

— Que pensez-vous donc de la gloire?

— La gloire c'est la monnaie avec laquelle

les hommes payent les services qu'on leur rend. La gloire peut provenir de la reconnaissance ou de l'admiration; c'est un nom qui vole de bouche en bouche, le nom d'un bienfaiteur de l'humanité ou d'un barnum habile.

— Comment pouvez-vous rapprocher ainsi les héros et les saltimbanques ?

— Ne poursuivent-ils pas la même récompense par des moyens différents ? Le même motif les fait agir ; or c'est du motif qui l'inspire qu'une action tire sa valeur.

— D'après ce que vous dites, il n'y aurait chez l'homme aucun sentiment noble. Tout serait rabaissé au terre à terre de l'intérêt personnel.

—Pourquoi mépriseriez-vous ce sentiment. Tout ce que nous faisons pour notre bien est noble et grand. On ne méprise que celui qui ne sait pas choisir, et qui se trompe à son détriment. Remarquez qu'on ne loue jamais plus un homme que lorsqu'il poursuit pour lui-même un bien plus précieux. Donc un homme est exalté par cela même qu'il intéresse ses actions, en choisissant bien sa récompense.

— Que pensez-vous de l'amour maternel? voilà, si je ne me trompe, un dévouement désintéressé?

— C'est une erreur de croire que la mère, en aimant son enfant, en se sacrifiant pour lui s'oublie elle-même. C'est précisément parce que cet enfant la touche de plus près, qu'elle trouve plus de force pour ce que nous appelons « héroïsme. » L'enfant, au commencement est plus que la vie de la mère. La nature a voulu mettre dans le cœur maternel cet amour ardent afin de protéger la faiblesse de l'enfant. « L'amour maternel, dit Barbey d'Aurevilly, a son siége, non dans le cœur, mais dans les entrailles de la femme. » La mère ne réfléchit pas plus en se dévouant pour son enfant, que tout homme ne raisonne pour conserver sa vie en danger.

— Vous me donnez, Monsieur, la source de l'attachement maternel; mais je ne vois pas encore les preuves que ce dévouement est intéressé.

— Il l'est à la manière de celui de l'avare

qui se jette à la mer, afin d'essayer, au péril de sa vie, de sauver son trésor. Il est intéressé à la manière de celui des amants qui exposent leur vie ou la perdent, en tentant de se sauver mutuellement..... Qu'est-ce à dire tout cela ? Que le motif de notre dévouement a changé? Aucunement. C'est le siège de nos intérêts qui a été déplacé.

La vie de l'enfant est aux yeux de la mère, plus précieuse que la sienne. Voilà pourquoi elle le défend au préjudice de sa propre vie. Le trésor aux yeux de l'avare vaut plus que ses jours..... Cependant nous admirons la mère et nous méprisons l'avare, bien que leur sacrifice soit le même, à cause de la différence des biens qu'ils poursuivent.

Ainsi mon principe reste debout. *Rien pour rien.*

— Nous devrions donc conclure que l'homme travaillera inévitablement à satisfaire ses désirs ?

— Sans doute. On ne peut lui en faire un reproche. Telle est sa nature. Elle le porte sans cesse à acquérir afin d'adoucir les rigueurs de sa pauvreté.

C'est ici que la religion rend un grand service à l'humanité. Elle seule peut diriger et modérer les désirs des hommes. C'est elle qui leur montre la véritable valeur de chaque chose. Elle leur fait mépriser ce qui est méprisable et estimer ce qui est véritablement estimable.

— De sorte que sans religion, on ne peut se désintéresser des choses de la terre?

— Vous l'avez dit. En effet, l'homme ne faisant rien pour rien, s'il ne s'occupe pas de l'autre vie, ne peut manquer de s'appliquer de toutes manières, à faire prospérer les affaires de celle-ci.

— J'admire votre logique; mais tous ne pensent pas comme vous. Dans ce pays, comme dans bien d'autres, on ne s'occupe pas trop de savoir si un homme est religieux ou non.

— Cette indifférence, je le sais, existe chez beaucoup de peuples. Cependant moi qui ai beaucoup voyagé, je puis vous affirmer qu'il en est chez lesquels on ne consentirait jamais à confier une affaire de quelque importance à un homme, reconnu pour être athée. Quelle garantie pourrait-il donner de son honnêteté ? Ne serait-il pas à craindre qu'il ne trahisse les intérêts qu'on lui confierait, dès que les siens seraient en jeu ?

— J'ai pourtant entendu dire qu'un homme sans religion peut parfois pratiquer certains actes honnêtes. La théologie nous dit que Dieu ne peut manquer d'en tenir compte. Donc il y a des actes désintéressés, en dehors de toute religion.

— Ah, permettez ! Une distinction est ici nécessaire. Comme vous, je crois qu'un homme que les circonstances ont laissé en dehors de toute foi religieuse et que l'instruction n'est pas venue éclairer ; je crois enfin que l'homme, resté à l'état de nature, peut produire des actes honnêtes: car Dieu a écrit son nom dans le cœur de tout être humain, et ce nom y reste gravé, toujours avec une certaine influence d'inspiration : Mais l'homme qui, de parti-pris, ne veut pas de la pensée de Dieu, qui ne croit pas à sa justice, qui ne craint pas ses jugement: cet homme sera scélérat, son heure venue.

— Tous les athées seront donc voleurs, traîtres, parjures, impudents ?.....

— Oui et non, cela dépend des circonstances. Un athée sera tout cela si son intérêt le lui commande. Il ne le sera pas toujours et à tout heure ; car il ne lui est pas défendu d'agir avec prudence. Ainsi, voulez-vous qu'il vole, si son infidélité doit-être facilement reconnue. S'il ne craint pas Dieu, il redoute les gendarmes. D'ailleurs à quoi bon pratiquerait-il des vertus ignorées. Il agirait sans motif et cela ne peut-être.

— Cependant il reste à tout homme, sa conscience ; cette idée du juste et de l'honnête que personne ne peut faire disparaître de son âme.

— La conscience ! la justice ! l'honnêteté ! vains mots que tout cela pour celui qui ne croit pas à l'existence d'un être supérieur, à une vie, future récompense ou châtiment des vertus ou des méfaits de celle-ci.

Je suis de l'avis de celui qui disait : « Je ne confierais pas mon chien à un médecin qui se dirait athée. »

Ce serait sottise de croire à la conscience

et à l'honnêteté d'un homme qui proclame son incrédulité religieuse.

Nous conversions de la sorte en nous promenant sur le chemin qui longe le jardin du Chalet, lorsque notre attention fut attirée par une scène de pugilat très animée. Deux petits bergers, enfants de huit à dix ans, échangeaient à qui mieux mieux, des coups de pieds et de poings. L'objet du litige était une tartine déposée sur le bord du chemin. Nous hâtions le pas afin de nous interposer, lorsque plus preste que nous un autre enfant d'une douzaine d'années surgit de derrière un buisson et sépara les combattants. Prenant la tartine, il en donna la moitié à chacun des ennemis……

Le curé triomphait déjà, à la vue de cet acte de générosité. Mais je ne me tins pas pour battu et m'adressant au jeune héros :

— C'est bien, ce que tu viens de faire là, mon petit, lui dis-je.

— Oh Monsieur ! répondit l'enfant, mon frère se bat toujours, et lorsqu'on lui fait du mal, c'est moi qu'on punit à la maison.

— Tu aurais pu, du moins, garder une part de la tartine ?....

— Non, Monsieur, la tartine est au beurre et je n'aime pas le beurre.

J'ai eu la politesse de ne pas accabler le curé de mon triomphe. Je me suis contenté de le regarder en souriant et de lui dire:

— Monsieur l'abbé, dans les intrigues politiques on a raison de « chercher la femme ». Et moi j'ajoute « Voulez-vous connaître le mobile d'une action « Cherchez l'intérêt. »

N'allons pas cependant passer de la poésie à une prose trop humiliante. Evitons les excès « *In medio stat virtus* » Cela dit nous rentrâmes au Châlet; le repas était servi.

# L'OUVRIER ET LE SOCIALISME

. . . . . . . . . . . . . . .

. . . . .   Il nous a été impossible de sortir dans la soirée. Une pluie torrentielle n'a cessé de tomber pendant plusieurs heures. Le tonnerre grondait à coups répétés. Ce bruit de foudre est bien majestueux à la campagne. Je conçois la terreur qu'il inspire : ses éclats s'en vont se répercutant dans les montagnes et cette répercution en centuple la force. Dans les villes, au contraire, le bruit du tonnerre est, pour ainsi dire étouffé par le bruit de la rue. C'est à peine s'il pénètre dans les appartements bien capitonnés.

Force a été de rester dedans. Nous nous sommes dédommagés de ce contre temps par une bonne partie de billard et une longue causerie. Je ne sais plus ce qui nous a amenés à parler des ouvriers ; peut-être la lecture du journal qui rapportait une interpellation au sujet des grèves. Ici, comme presque toujours, nous avons été en désaccord avec mon cher voisin le curé.

Certes, je suis loin de me supposer le monopole de la pensée. Mais, comme je l'ai dit bien des fois, je suis persuadé que les hommes, même instruits, au lieu de penser par eux-mêmes, acceptent trop facilement le raisonnement tout fait.

— Le mal est grand, disais-je à l'abbé, et je ne vois pas vraiment ce qu'on fait pour le combattre. Parmi les réformateurs sociaux, les uns demandent pour l'ouvrier une augmentation de salaire, d'autres se contentent de lui prêcher la soumission, d'autres enfin, plus radicaux dans les moyens, veulent egaliser les conditions. Ce n'est pas là ce qui peut arrêter les murmures et soulager l'infortune.

— A votre avis, Monsieur, me dit-il, quel serait le moyen de satisfaire les mécontents : Je crains bien que tous ne soient inutiles, car le désir appelle le désir. L'ouvrier ne sera content que lorsqu'il sera devenu riche à son tour ; or, cela est impossible « il y aura toujours des pauvres dans la société ».

— Voyez-vous, ai-je répondu, ce n'est pas la pauvreté qui fait murmurer l'ouvrier ; c'est la sujétion. Chacun aujourd'hui prise son indépendance et sa volonté plus que l'argent avec lequel on s'efforce de l'acheter. L'ouvrier prend l'argent, mais il veut en même temps conserver son indépendance.... On aurait beau lui donner le quadruple du prix actuel qu'il se plaindrait encore. Ce qui le rend laborieux et content, c'est la dignité de son état.

Un esclave millionnaire cherchera tôt ou tard à sortir de sa condition, devrait-il payer ce changement de toute sa fortune.

— Je ne vois pas, reprit le curé, que nos ouvriers puissent raisonnablement se croire dans l'esclavage. N'ont-ils pas l'indépendance des véritables citoyens ?

— Oui, Monsieur l'abbé, ils sont rois un jour de vote et valets le lendemain.

— Ne possèdent-ils pas un foyer, une famille ?

— Autrefois l'ouvrier faisait partie de la famille de son maître. Il y naissait, il y vivait, sans souci du lendemain. L'affection et l'attachement réciproques résultaient de cette communauté qui durait plusieurs générations. Aujourd'hui tout est changé. Le peuple a voulu l'indépendance; mais la liberté n'est pas un vain mot. Elle est un besoin du cœur de l'homme. La conscience humaine la veut complète.

— Je ne vois pas vraiment ce qui pourrait l'entraver aujourd'hui. Chacun jouit en paix du fruit de son travail et peut choisir le maître qui doit le payer.

— Oui, et c'est en cela qu'est le mal. Le beau privilège que celui de pouvoir se choisir un maître. Ce droit ne supprime pas l'odieux de la situation. L'homme ne veut plus avoir de maîtres. Voilà pourquoi il préférera supporter la misère plutôt que de s'en donner un.

— Et pourtant, comment se passer d'autrui quand on n'a rien à soi ?

— Tout homme est fait pour la société, donc il a besoin d'autrui. Et même, comme dit le fabuliste « souvent on a besoin d'un plus petit que soi » Mais ce secours, que les hommes se portent mutuellement, n'implique pas essentiellement l'idée de supériorité ou de dépendance. Le riche peut-il plus facilement se passer des services du pauvre que ce dernier de son secours ? Certes, non, et pourtant il ne viendra jamais à l'esprit de personne de dire que le riche dépend du pauvre qui le sert. C'est un fait avéré que, dans ce sens, tout homme a besoin de son semblable.

— Ainsi, d'après vous, le riche devra mettre sa fortune à la disposition de l'ouvrier afin d'égaliser les situations. Vous soutenez, à ce que je vois, la doctrine des communistes.

— Comme vous prenez feu, Monsieur le

curé ! Aussi bien que qui que ce soit, je sais et j'affirme que le communisme est une utopie.

Supposons que nous puissions partager également l'or et la terre, il est des choses qui ne seront jamais également distribuées. La santé, la force, l'intelligence sont des biens dont beaucoup seront probablement déshérités ; par conséquent les parts ne seront jamais égales. Il faudrait compenser le manque ou la pauvreté de tout cela par un autre bien. Or toute compensation amène le fait de l'inégalité des conditions. C'est Dieu qui a fait les hommes inégaux. Tous nos calculs seront impuissants à nous refaire selon une mesure commune.

— Mais alors, pourquoi ne voulez-vous pas admettre qu'il y ait des riches et des pauvres, c'est-à-dire des maîtres et des serviteurs.

— C'est-à-dire que vous me paraissez confondre ! Riche et maître sont deux mots qui ne vont pas inévitablement de pair. Ainsi en est-il de pauvre et de serviteur. Autrefois dans la Rome des Césars il n'était pas rare de voir des esclaves posséder de grands biens, ou plutôt en user largement, ce qui est plus; tandis que de vrais citoyens en étaient réduits, chaque jour, à se demander où ils trouveraient le morceau de pain qui devait faire tous les frais de leur unique repas... Et pourtant le citoyen pauvre marchait la tête haute devant l'esclave humilié.

Aujourd'hui personne ne voudrait se soumettre à la condition des plus riches esclaves d'autrefois. Pourquoi cela? Je le répète, c'est que le sentiment de la dignité personnelle est devenu plus fort. Il y a aujourd'hui un degré de digne fierté qui demande un nouveau changement dans la société. On ne veut plus dépendre de personnne. Il ne faut plus de maîtres, plus de serviteurs. Il ne doit y avoir que des hommes véritablement libres......

— Poursuivez, je vous prie, Monsieur, votre pensée; car, si j'admire votre théorie, je suis encore à me demander comment elle pourrait passer dans la pratique de la vie.

— Je ne me flatte pas d'avoir trouvé le moyen. On le cherchera probablement longtemps encore, mais on le trouvera, j'en suis certain.

Il faut, selon moi, conserver à chacun son indépendance, sinon de fait (nous venons de reconnaître que nous dépendons toujours en quelque manière, les uns des autres), du moins de droit et de conviction.

La loi du travail est une loi divine, par conséquent elle est universelle comme le châtiment de la mort. Personne ne peut s'y soustraire. Donc le travail ne constitue pas, par lui-même, un état de servage et d'infériorité. Le petit propriétaire qui cultive lui-même son champ, est le plus libre des hommes, et pourtant il travaille du matin au soir, quelquefois même, avec plus d'ardeur et de fatigue que l'ouvrier qui l'aide dans la culture. Pourquoi tous les hommes ne seraient-ils pas dans la situation sociale de ce petit propriétaire ?

— Alors vous voudriez que chacun eut une part de la terre ?

— Non certes ! Je retomberais dans l'utopie.

Mais pourquoi ne pas enlever à tout travail ce caractère de servage qui subsiste encore pour tous les travailleurs ? L'ouvrier qui s'enrôle dans le personnel d'une usine, d'une mine, d'une exploitation quelconque, deviendra l'égal du propriétaire, si outre son salaire quotidien, il a une part dans les bénéfices réalisés. Cette usine lui appartiendra autant qu'au riche ; car, si celui-ci avance ses millions, l'ouvrier vient unir son travail à ce premier capital. Ainsi en serait-il pour tout coopérateur d'une œuvre. De cette manière plus de honte pour l'ouvrier. Il considèrera l'œuvre, à laquelle il contribue, comme son œuvre à lui, s'y intéressera et son activité en sera décuplée.

— Votre système appauvrit les uns pour enrichir les autres.

— Pas le moins du monde. Chacun reste véritable possesseur des biens qu'il a acquis ou que ses ancêtres lui ont légués. Seulement, s'il veut recourir à d'autres pour les faire fructifier, il les associe à cette exploitation qui ne lui appartient plus exclusivement Je n'innove rien dans mon raisonnement. Prenons pour exemple l'argent.

Autrefois, l'argent ne produisait rien, puisqu'il ne portait aucun intérêt. Personne n'exploitait cette propriété. Alors le possesseur seul avait des droits sur lui. Mais depuis qu'on est convenu de faire rapporter à l'argent un revenu quelconque on a dû céder de ses droits. Pour retirer l'intérêt, le possesseur est obligé de se déssaisir, en quelque sorte, de la somme. Le banquier opère sur elle, comme s'il en était le propriétaire de fait. Il ne laisse qu'un titre entre les mains du véritable possesseur. Pourquoi ne pas agir en toute chose, comme on le fait, quand il s'agit d'argent monnayé. Le métal passe de mains en mains, court le monde, et cependant revient dans le coffre-fort du légitime propriétaire au moindre signal de celui-ci. Celui qui emprunte et fait fructifier l'argent du prêteur se croit dans une situation aussi indépendante que celle de ce dernier. Ainsi devrait-on procéder pour toute propriété, toute entreprise.

— Vous instituez le fermage obligatoire, objecta le curé.

— Et quand cela serait ? répondis-je. Ne

vaudrait-il pas mieux, pour la dignité humaine, d'être délivré de ce système humiliant de salaire qui consiste à atteler les hommes à la peine moyennant une pièce d'argent par jour et qu'on renvoie, avec d'autant moins de reconnaissance, qu'on est persuadé d'avoir payé ses sueurs.

Il est une chose qui ne peut-être payée et que parconséquent on ne peut demander à l'homme : c'est sa dignité, son amour-propre, sa liberté. Or l'ouvrier, tel qu'on nous l'a fait, n'est pas libre. Il n'a plus l'affection ni le respect qui l'entourait jadis, lorsqu'il faisait partie de la famille. On l'en a chassé.

Depuis, les puissants et les riches ont associé leurs capitaux pour les décupler, en peu de temps, et on ne veut pas associer l'ouvrier. On veut le maintenir dans son isolement et parconséquent dans l'impuissance. S'il n'a pas droit à l'affection parce qu'il change de maîtres, il a droit au bénéfice. On ne lui laisse que la liberté de servir ou de mourir de faim. Il ne veut ni de l'un ni de l'autre. Son droit, aujourd'hui, est d'être associé, ce qui veut dire co-propriétaire.

— Pourquoi vouloir attenter au droit de propriété? c'est commettre une injustice. La propriété est sacrée.

— Ce système n'y porte aucune atteinte. Celui qui possède peut jouir en paix de ce qu'il possède ; s'il veut le faire fructifier par d'autres, il devra les faire participer directement à ses droits.

— Mais si vous privez le riche d'une partie de ses revenus pour en faire part aux ouvriers, vous l'appauvrissez!

— Nullement. Mon système favorise tout le monde; car la perte, pour le riche, d'une partie du bénéfice, sera compensée par un surplus d'activité et d'entrain du côté de l'ouvrier. De cette manière, on ne verrait pas des capitaux porter des intérêts scandaleux; où, si le financier décuple sa fortune, ses collaborateurs s'enrichiront avec lui. Il résultera de ceci, que l'ouvrier s'attachera à celui dont l'intelligence lui donnera le plus de garanties, et que le génie dirigera toujours les affaires du monde.

Un autre bien résultera de l'application de ce système. On se plaint aujourd'hui du morcellement de la propriété. Il est vrai que d'autres le patronnent. Et pourtant le morcellement des terres apporte avec lui de graves inconvénients. Avec l'association universelle, on sera moins porté à posséder le sol. Les champs cultivés à grande culture, par des Sociétés constituées sur les bases des Sociétés industrielles, demanderont moins de bras et donneront plus de bénéfices.

— Je ne crois pas, Monsieur Arsène, que le remède social réside dans ces calculs plus ou moins bien combinés. Je suis de l'avis de nos philosophes chrétiens, qui cherchent dans la religion le vrai remède au paupérisme.

— Certes, je suis loin de mépriser les travaux de ces hommes sages, qui s'efforcent d'élever les regards et le cœur de l'ouvrier vers Dieu. La religion sera toujours seule à pouvoir apporter consolation et soulagement à l'infortune. Mais cela ne doit pas dispenser la société de rechercher effectivement des améliorations à la situation des malheureux. Lorsque la société comptait des millions d'esclaves, la religion parvenait à mettre dans leurs cœurs, la résignation et la confiance en une justice à venir : mais il n'en est pas moins vrai, que le christianisme lutta, de toutes ses forces, pour l'affranchissement général.

Depuis, il n'a cessé de faire adoucir le sort des petits et des faibles. On serait donc mal venus de s'étonner que les chrétiens poursuivent cette œuvre de liberté. Cependant, si je ne me trompe, de nos jours, les philosophes chrétiens ne considèrent, trop souvent, qu'un point de la question. Avec la religion, ils prêchent la soumission et le respect dû aux supérieurs. Le progrès social demande, en outre, des réformes.

— Ces réformes, que vous demandez, ne satisferont jamais pleinement les insatiables ambitions du jour.

— Pourquoi pas ?... Lorsque l'esclavage fut aboli et fit place au servage, le serf, pendant des siècles, se reconnut très heureux Les autres progrès, qui ont succédé à ce premier, furent toujours accueillis avec reconnaissance. Il faut aujourd'hui parfaire cet ouvrage, auquel les temps passés ont travaillé avec tant de succès.

N'oublions pas que l'homme qui souffre supporte patiemment la souffrance pourvu qu'il ne puisse accuser personne de son malheur.

— L'homme souffrira toujours !

— Sans doute. La souffrance et le travail viennent de Dieu, qui punit la révolte de l'humanité : cette souffrance, la religion seule peut la rendre féconde. Cependant, de ce que la souffrance doit toujours exister pour nous, il ne s'en suit pas que nous ne devions rien faire pour l'amoindrir. A nous de travailler à nous en délivrer, et si nous ne pouvons y parvenir complètement, il nous reste toujours la consolation d'avoir accompli un devoir.

— Que vos souhaits se réalisent! Monsieur Arsène ; mais je crains fort qu'on ne puisse trouver, de longtemps, une solution à ce problème social que beaucoup, jusqu'ici, ont vainement cherché à résoudre.....

. . . . . . . . . . . .

La pluie avait cessé. Un arc-en-ciel immense se dessinait nettement à l'horizon, formant un pont brillant et gigantesque. Ce pont semblait relier entre elles deux hautes montagnes. Il présentait ainsi l'aspect d'un arc triomphal construit par la main de la Divinité.

— Je dois m'en retourner, dit le curé, Annette serait soucieuse, et puis je ne suis pas sûr que la pluie ne recommencera pas à tomber. Les nuages me paraissent bien immobiles.

Je l'accompagnai, pendant quelques minutes ; mais je dus céder à ces instances et m'en retourner.

---

# L'AMITIÉ

. . . . . . . . . . . . . . . .

. . . . . Ce matin, nous avons été amenés à parler de l'amitié. Comme toute âme naïve et droite, le curé me faisait des théories d'une poésie et d'une sentimentalité exquises. Je n'ai pu m'empêcher de le contredire.

— Généralement, disais-je, on demande des autres plus qu'on ne saurait donner soi-même. Voilà la cause d'une foule de liaisons rompues ; de si nombreuses brouilles qui surviennent entre des hommes, amis depuis de longues années.

La vérité est, que nous pouvons comparer les amis en général, et sauf de rares exceptions, à ces oiseaux de passage, qui vont tour à tour jouir du printemps, sous les diverses latitudes du globe. Le poète philosophe fait arriver les amis, nombreux au moment de la prospérité et les fait tous émigrer à l'approche de l'infortune. Il a raison, c'est là le fait..... Mais faut-il s'irriter contre ces hommes inconstants? ou plutôt ne serait-il pas plus juste de nous en prendre à notre nature elle-même?

Nous sommes certes assez pauvres, pour que nous tentions sans cesse de nous enrichir de quelque façon, et pas assez riches, pour donner toujours sans jamais recevoir..... Il résulte donc, du besoin de notre être, que nous nous attachons volontiers à quiconque peut nous rapporter du profit.

— Oh! je vous en supplie, s'écria le curé, ne touchez pas à l'amitié; car je lui ai voué un culte spécial. Laissez-moi l'illusion, si illusion il y a, de la croire désintéressée.

— Que vous-êtes égoïste ! ai-je dit à mon tour. Vous réclamez d'autrui ce que vous ne pouvez donner vous-même. En cela vous êtes dans l'erreur du cultivateur qui compterait sur une bonne récolte, alors qu'il ne ferait rien pour rendre la terre fertile.

La nature humaine, comme le sol qui nous porte et nous nourrit, a été frappée de la malédiction du ciel. De même qu'entre la terre et nous il y a un échange de sueurs, de soins et de fruits, ainsi en est-il du commerce des hommes entre eux.....

Ne vous récriez pas, je vous en prie, les faits nous représentent l'amitié comme une association, où les intérêts, mis en commun, à l'exemple d'une société industrielle, doivent produire un bénéfice dont chacun réclame sa part.

— Vous me permettrez de protester contre votre comparaison, qui me paraît non seulement injuste, mais qui, de plus, heurte tous les plus nobles sentiments de notre âme.

— Je ne puis qu'admirer le motif de votre protestation ; il est, ce qu'on est convenu d'appeler noble, grand, louable. Malheureusement il ne repose que sur votre imagination exaltée par les aspirations de votre cœur. Avec vous, je voudrais l'amitié revêtue du caractère que vous lui prêtez ; mais, si j'approuvais vos idées, ce serait vous mentir, comme, inconsciemment, vous vous mentez à vous-même.

Procédons avec méthode..... Qu'est-ce que l'amitié ? C'est, si je ne me trompe, l'union de deux personnes, qui mettent en commun leurs volontés, leurs cœurs, avec toutes leurs qualités, et qui parcourent le chemin de la vie en se tenant comme par la main, afin de s'aider à franchir les obstacles qui se présentent.

Ensemble on combat l'infortune, mutuellement on s'encourage en se portant secours. De sorte que la faiblesse de l'un est tour à tour portée par la force de l'autre. En un mot l'amitié, c'est deux ou plusieurs vies qui se déroulent ensemble.

— J'admets volontiers la définition que vous donnez de l'amitié : mais je suis encore à me demander comment, de prémisses que tout le monde accepte, vous arrivez à des conclusions si désolantes.

— Un long raisonnement ne sera pas ici nécessaire. Permettez qu'à mon tour je vous pose une question.

Admettez vous qu'il puisse exister une véritable amitié entre deux personnes ayant des caractères opposés, des mœurs et des convictions tout-à-fait différentes?

— Je ne le crois pas. Cependant si cette différence n'est pas trop accentué, je ne vois pas pourquoi l'amitié ne réussirait pas à se former et à établir la ressemblance.

— Nous ne devons pas confondre l'amour avec l'amitié. L'amour peut exister entre deux personnes de conditions, de caractères, de mœurs tout-à-fait opposés. Il n'en est pas de même de l'amitié. D'autre part, l'amour peut naître subitement; l'amitié, au contraire, n'arrive que peu à peu à son complet développement. Cette marche lente donne le temps de se connaître et de s'estimer; car l'estime est rigoureusement nécessaire dans l'amitié.

Voilà donc deux amis, unis par une multitude de liens que le temps n'a fait que resserrer et rendre plus forts. Si l'homme n'était pas si inconstant, avec vous je dirais: cette amitié sera éternelle. Mais voici que les situations changent; les goûts et les aspirations ne sont plus les mêmes qu'au commencement. Tel aimait l'étude qui plus tard abandonne ses travaux scientifiques, pour passer la vie dans une oisiveté plus commode; tel autre, que la fortune est venu visiter, ne veut plus s'astreindre aux habitudes d'une vie retirée et monotone. Il aimait la solitude ; maintenant les distractions d'une vie dissipée l'attirent si la situation de son ami ne change pas, si ce dernier demeure fidèle à son programme primitif, qu'arrivera-t-il? Infailliblement ils s'éloigneront l'un de l'autre, et ces deux hommes, qu'une conformité d'habitudes avait fait se rencontrer et se rapprocher, seront séparés par une vie différente.

Avais-je tort de vous dire que n'ayant plus rien à mettre en commun, la société, formée entre ces deux hommes, devait se dissoudre nécessairement?

Votre imagination peut se récrier, votre bon cœur rougir de honte pour la nature humaine en présence de ces vérités. Le fait est là ; votre bonne volonté ne peut le détruire.

— Je ne saurais vous accuser d'erreur. Dans tout ce que vous dites, je reconnais qu'il y a un côté vrai. Cependant vous me permettrez de croire que l'amitié est quelque chose de plus mystérieux : que ses éléments constitutifs défient, d'une certaine manière, l'analyse ; car d'après moi, il ne faudrait pas vouloir faire passer tous les sentiments du cœur humain au tribunal du positivisme. Les juges ici deviennent partiaux. Si le raisonnement est impuissant à montrer leur tort, le cœur humain (j'entends celui que Dieu nous a fait, plus généreux qui ne le supposent les hommes endurcis à la vie) ce cœur, dis-je, proteste. Sa protestation mérite qu'on lui prête, au moins, un peu d'attention.

Pourquoi vouloir, en effet, toujours écouter la voix de la raison humaine, à l'exclusion de tout autre ? L'homme n'est pas un être incomplet: En tant que créature, Dieu la dotée de plusieurs facultés, qui toutes faibles qu'elles soient, se complètent heureusement, et font de lui le chef-d'œuvre de la création. Étudier une seule de ces facultés, serait, à mon avis, s'exposer à être injuste et méconnaître volontairement les ressources dont l'homme dispose. Il est donc une foule de choses, où la raison n'a que faire de vouloir juger. Aussi avec le philosophe je dis:

« Le cœur a des raisons que la raison ne comprend pas. »

— C'est avec bonheur que je me rangerais à votre avis; car moi aussi, j'ai un cœur qui sent comme le vôtre et dont les aspirations demandent mieux que ce que je viens de dire. Mais en toute occasion les faits viennent donner raison à ma théorie.

Montrez-moi une amitié complètement désintéressée, rapportez-moi l'exemple de deux amis dont l'un jouisse de tout le bénéfice de l'amitié, sans que son ami ne soit lassé de son égoïsme. Montrez-moi la persistance d'une telle amitié, et je condamne mes observations et mon expérience.

— Ce que vous recherchez n'est pas aussi difficile à trouver que vous le supposez. Que de sacrifices, que d'actes héroïques, inspirés par une amitié sincère!

— Aussi n'ai-je pas prétendu nier les merveilles de dévouement opérées par l'amitié! Ce que je nie, c'est la persistance, la durée d'une amitié où il n'y a pas un échange de mutuels services. En d'autres termes, je persiste à affirmer, autant que mon expérience de la vie peut me le permettre, que l'amitié humaine ne peut-être désintéressée. On ne se dévoue jamais gratuitement; celui qui ne paye pas est affligé du nom d'*ingrat*. On s'éloigne de lui, on le méprise comme on méprise un banqueroutier frauduleux. C'est la loi de la nature: nous ne pouvons la changer.

Notre conversation fut interrompue par l'arrivée d'un visiteur.

Il y avait encore beaucoup de choses à dire sur ce sujet. Je regrette d'en avoir tant dit. Le bon curé était visiblement contrarié de nos théories. Aussi je me promets bien de détourner la conversation, si jamais il tente de revenir sur ce sujet. A quoi bon lui faire de la peine. Il a vécu jusqu'ici dans la foi à l'amitié: Laissons lui ses illusions. Le temps est assez cruel pour que nous n'ayons pas à l'aider dans son œuvre de destruction ?.....

Ce qui trompe souvent les hommes, c'est que leur imagination, ou leurs aspirations, en leur montrant un bien élevé, leur font espérer des choses que la réalité de la vie ne peut leur donner. Ils se forment des idées de noblesse, de vertu, de grandeur, de désintéressement, et ce sont précisément ces idées irréalisables qui leur servent de mesure.

Oui, ce serait beau, en effet, de voir les liens de l'amitié indissolubles; il serait grand de ne rien attendre de celui que l'on comble de bienfaits; Tant d'autres choses encore seraient belles; Mais faut-il croire, parce que l'on se les imagine, qu'elles existent réellement!...

# L'HOMME

Ce soir, après les vêpres, nous sommes allés faire une petite promenade. Mais comme la chaleur était étouffante et le soleil ardent, nous n'avons pas tardé à éprouver le besoin d'un peu de fraîcheur. Un massif de chênes semblait nous inviter à profiter de son ombre. Aussi, comme instinctivement, nous nous sommes assis sur un banc rustique, dressé par quelque berger.

— Monsieur Arsène, m'a dit le curé, permettez que je vous fasse part de mes réflexions. Vous me paraissez avoir des pensées bien.... extraordinaires. Tantôt, je vous entends attaquer l'homme dans ce qu'il a de plus beau ; d'autrefois, je vous trouve bien indulgent pour ses défauts eux-mêmes. Je suis à me demander par quel effort vous pouvez parvenir à concilier des jugements, en apparence, si contraires, ?....

— Je ne crois soutenir aucune contradiction en raisonnant comme je le fais ; mais toujours je me garde de tomber dans l'excès.

Celui qui veut étudier l'homme doit commencer par replier sa pensée sur lui-même. S'il ouvre les livres, pour connaître le sentiment des philosophes sur ce noble sujet, il est exposé à rencontrer des sentiments tout-à-fait opposés.

— Cependant, il me paraît qu'en toutes choses, nous devons nous aider de l'expérience de ceux qui nous ont précédés. Leurs études rendent notre travail plus facile.

— C'est ce qui devrait avoir lieu, en effet, mais notre esprit est ainsi fait, qu'avant de se donner la peine de peser les raisons du *pour* ou du *contre*, il prend, comme naturellement, parti pour le système qui convient le mieux à son tempérament ; car il existe un tempérament d'esprit comme de corps. Chacun pense à sa manière.

— Jusqu'ici, j'ai cru que chacun sentait à sa manière ; mais je faisais à la raison et à la pensée de l'homme l'honneur de leur supposer plus d'indépendance.

— La pensée est souvent une esclave. C'est le sentiment, qui seul commande presque toujours. Que d'hommes qui ont pensé de telle façon, parce que leurs désirs appelaient telle conclusion qui leur plaisait.

Pour le sujet qui nous occupe, il y a deux écoles en présence. Elles poursuivent une conclusion contraire, parce que leurs aspirations sont tout-à-fait opposées.

Parmi les philosophes, qui parlent de l'homme, les uns font de lui un Dieu ; les autres ne lui rendent pas même justice. En présence de ces opinions contraires, on est facilement exposés à se faire l'apôtre d'un système exagéré.

— J'ai remarqué, en effet cette divergence

d'opinions. D'où vient donc, d'après vous, qu'on fait l'homme meilleur ou pire qu'il n'est?

— Cela provient, si je ne me trompe, des points de vue différents sous lesquels on se place.

Les matérialistes ne croyant pas, ou ne voulant pas croire à Dieu, à une vie future, ne considèrent chez l'homme que les facultés qui font de lui l'être le plus grand de cet univers. Ils s'extasient devant la puissance de sa raison, Les ressources de son imagination et la variété de ses sentiments. Pour eux tout est bon, excellent. Excellent, le cœur, avec tout ce qu'il réchauffe de passions. Excellente la pensée qui va de découvertes en découvertes. D'après eux, l'homme est souvent impuissant à réaliser ses désirs; il n'est jamais coupable.

D'un autre côté, le spiritualiste juge bien différemment. Lui, croit à l'existence d'un Dieu la perfection même, d'un Dieu rémunérateur de la vertu, vengeur du crime. Comparant sans cesse l'homme à la perfection suprême, il en résulte qu'il le trouve bien petit, bien misérable. Il le juge avec toute la sévérité de son imagination exaltée; aussi le plus souvent il ne découvre dans cette étude que bassesse et méchanceté.

Dans ses sentiments qu'il voudrait toujours purs, dans ses facultés qu'il désirerait libres de toute entrave, dans ses actions, dans ses pensées, en un mot, dans tout ce qui vient de lui, ce qui le frappe, c'est l'imperfection.... Logique rigoureuse; mais juste à cause de son point de départ. Ses observations seraient bonnes, s'il se contentait de constater le fait seul de l'imperfection ; mais l'erreur commence lorsqu'il accuse l'homme et le regarde toujours comme coupable.

— Aussi l'est il par le fait de la chûte primitive.

— Cette première faute, en effet, a altéré les facultés humaines : elle a fait déchoir l'homme de sa grandeur; cependant il ne faudrait pas croire qu'elle l'ait établi dans un état de trop grande infériorité. Dans ce cas il n'aurait pu obtenir sa fin.

Si Dieu n'existe pas, l'homme est incompréhensible et les éloges qu'on donne à ses facultés n'expliquent pas ses malheurs.

Si Dieu existe, ce n'est pas une raison de mépriser l'homme ; car alors vous accusez Dieu lui-même. Il aurait formé une créature incomplète, ou du moins après sa révolte, il l'aurait écrasée, au point de lui rendre impossible l'obtemption de sa fin.

Oui, Dieu existe, avec toutes les perfections infinies que notre pensée ne peut lui refuser. Mais l'homme n'en reste pas moins grand, ni moins beau, seulement il ne faut pas exiger de lui, ce que Dieu seul peut posséder. Par conséquent ne lui reprochez pas toutes ses pensées, tous ses sentiments. Ne lui demandez pas un dévouement désintéressé, le mépris de la vie et du bien-être, l'oubli de sa personnalité. Ne lui demandez pas de se sacrifier continuellement ; en un mot ne faites pas de lui un être au-dessus de la nature. (J'allais dire contre nature).

— Sans faire de l'homme un être particulier, ne serait-on pas en droit d'exiger de lui la noblesse de caractère dont le désintéressement est comme la fleur ?

— Tout être a le culte inné de son individualité. On ne songe pas à reprocher aux animaux l'instinct qui les attache à la vie et la leur fait défendre opiniâtrément. C'est peut-être la loi la plus belle et la plus générale de la création.

Pourquoi reprocherait-on à la raison de l'homme les efforts qu'elle fait pour soutenir cette vie en augmentant ses biens ? Pourquoi voir de mauvais œil le développement de ses facultés et le profit qu'il peut retirer de ses peines ? Je suis loin de vouloir comparer l'homme à l'animal sans raison. Celui-ci n'a que sa vie matérielle ; c'est pourquoi à elle se borne toute son activité.

L'homme suit la loi commune, non-seulement en conservant sa vie ; mais encore en s'efforçant d'agrandir son domaine et de multiplier ses possessions. Les moyens seuls peuvent être injustes ; tandis que le motif est louable ; puisque c'est Dieu lui-même qui le lui inspire.

Je conclus en disant que tout sacrifice gratuit devient un acte inutile et, partant, répréhensible.

Avouez qu'il serait plus beau de sacrifier le bien particulier au bien général.

— Oui et non. Oui, si le particulier en retire une légitime compensation. Non, encore une fois, s'il ne doit *rien* attendre pour lui-même. S'ennihiler serait un crime. Dieu, qui fait tout concourir au bien général, tient cependant toujours compte de l'individu. Notre imagination nous représente un beau spectacle, lorsqu'elle nous montre une société dont tous les membres lutteraient de générosité : mais c'est là une utopie parmi tant d'autres.

Ne faisons pas l'homme plus grand qu'il n'est et nous ne serons pas injustes à son égard.

Nous sommes mortifiés, lorsque l'étude du cœur humain nous met en présence de certaines bassesses ; c'est de l'orgueil. Nous ressemblons alors à celui qui rougit de sa condition. Gémissons sur nos infirmités ; mais n'accusons personne. Malheureusement au lieu de nous résigner, nous jetons la pierre à nos semblables : Nous les affligeons des épithètes les plus insultantes, et nous ne valons pas plus nous-mêmes que ceux que nous condamnons. . . . .

. . . . . . . . . . .

. . . . . . . . . . .

# FERNAND, MON NEVEU

Le chalet est en fête depuis deux jours. Il a changé sa physionomie de tristesse et de silence, pour en prendre une nouvelle de gaîté et de bruit.

Mon neveu, Fernand, est arrivé. Bien qu'il ait près de trente ans, il est bruyant, comme un enfant au sortir de l'école. Avocat au barreau de Paris, il paraît avoir, en dépouillant la robe sévère du tribunal, endossé les livrées du collégien en vacances. Il faut être jeune de caractère et d'âge, pour passer ainsi, sans transition, du travail au repos, du sérieux à la gaîté ; car il est laborieux, Fernand. Sa haute réputation est là pour l'attester. Mais, quel grand enfant !

Il est ici depuis deux jours seulement, et il connaît le chalet et le voisinage aussi bien que moi. Que dis-je ! bien mieux que moi. Déjà, il a fait connaissance avec le curé qui l'a mis au courant de ma vie ici. Il a su capter la confiance de Jacques et de sa mère, au point de m'inspirer de la jalousie.

Ne voilà-t-il pas que ce matin il m'a abordé en disant :

— Je vous félicite, mon oncle. Il paraît que, tous ici, vous faites des conquêtes. Vous ne m'aviez parlé que des vôtres dans la personne du curé qui vous a voué son amitié. Mais tout est aimanté, chez vous.

— Comment ? où veux-tu en venir ?

— Vous ne m'aviez pas dit que Jacques.....

— Eh bien, Jacques !

— Il n'est pas si froid que vous le supposiez.

— Que veux-tu dire ?

— Je veux dire que le soleil du Midi a des rayons plus chauds que le soleil du Nord.

— Explique-toi, car je ne comprends rien à ce que tu m'as dit jusqu'ici.

— C'est-à-dire que vous ne voulez pas me comprendre. Peut-être préférez-vous que je vous apprenne ce que vous ne savez que trop. Jacques, le domestique modèle, Jacques qui avait renoncé à toute attache pour vous suivre. Jacques destiné, peut-être, par son maître celibataire, à vivre en garçon le reste de ses jours, Jacques, votre Jacques, enfin, a fait la conquête d'un cœur, ou plutôt, s'est laissé voler le sien.

— Que dis-tu, malheureux ?.....

J'étais comme ahuri à cette nouvelle. Mon visage devait indiquer plus que de la surprise, car Fernand s'arrêta, ne sachant pas s'il devait continuer sur ce ton badin.

Il m'a fallu un bon moment pour me remettre de ma surprise.

— Voyons, Fernand, parles-tu sérieusement ?

— Le plus sérieusement du monde, mon oncle.

— Et comment sais-tu cela ?

— Hier, après avoir pris congé de Monsieur le curé, qui était venu m'accompagner jusqu'au sentier, je revenais tranquillement au chalet, lorsque arrivé à la grille du jardin, j'aperçus votre domestique causer avec une jeune fille. A ma vue, ils se séparèrent en rougissant. Bon, me dis-je, il y a du nouveau ici. Je voulus en avoir le cœur net. Aussi sans préambule.

— Eh bien, Jacques, lui dis-je, il paraît qu'avec les fleurs vous cultivez les cœurs ? Qu'elle est cette demoiselle ?

— C'est la fille de notre commissionnaire, balbutia-t-il, en rougissant de plus belle.

— Et vous avez fait connaissance ?....

— Oh ! Monsieur.

— Et oui, que diable ! je le vois bien ! si tu l'aimes, il n'y a pas de mal à cela.

Encouragé par le ton de bonhomie avec lequel je lui parlais :

— Eh bien, Monsieur, oui je l'aime, et précisément j'attendais votre arrivée pour en avertir Monsieur votre oncle. Je n'ose pas le lui dire moi-même. J'ai compté que vous me rendriez ce service.

Puis il m'a fait l'éloge de l'objet de ses vœux.

Elle est ceci, elle est cela. Vous pouvez supposer tout le bien qu'il m'en a dit. Bref, ils n'attendent que votre assentiment pour s'unir par d'irrévocables serments.

— Ils ont bien vite pris feu ! m'écriai-je.

— Vous êtes philosophe, mon oncle. Vous avez lu, sans aucun doute, que les cœurs s'attachent en un instant.

— Mais encore faut-il qu'ils se connaissent un peu. Il y a un mois à peine que nous sommes ici ?

— S'ils l'ont mis à profit !

— Sans doute, et dire que je ne m'étais aperçu de rien.

— Grande merveille! Vous êtes toute la journée enfermé dans votre cabinet de travail. Vous imaginez-vous que les fleurs vont attendre votre présence afin de s'épanouir sous vos yeux?

— Jacques aurait dû me parler de cela.

— Il est si timide!

— Si timide, si timide..... répétai-je, ne sachant plus qu'objecter. J'étais véritablement contrarié. Fernand dût s'en apercevoir; car il ajouta:

— Eh bien ne voilà-t-il pas que vous accueillez cette nouvelle, comme un malheur !

— Je tenais à Jacques: Je l'aimais ce garçon: J'étais habitué à recevoir ses services: il connaissait mes habitudes.....

— Voilà maintenant, interrompit Fernand que nous donnons dans l'oraison funèbre: mais Jacques n'est pas mort parce qu'il se marie.

— Oui. Mais.....

— Comment, mais..... Vous aurez une servante de plus, et puis c'est tout ce qu'il y aura de changé d'ailleurs la mère de Jacques se fait âgée; elle a besoin d'une aide. Cela vient à point.

— En effet tu as raison. Le malheur n'est pas si grand qu'il me le paraissait.

— Egoïste? scanda Fernand en me riant au nez.

— Tu as raison j'avais la tentation de l'être.....

Et voilà comment j'ai appris que Jacques se mariait. Mieux vaut tard que jamais.

. . . . . . . . .

Fernand arrive de Paris. Il m'apporte des nouvelles de tous ceux que j'y ai laissés. On se refuse à croire là-bas que je puisse être heureux dans la solitude, mes amis espèrent me voir bientôt de retour.....

Au lieu de protester énergiquement: (ce que je n'aurais pas manqué de faire, il y a un mois), je me suis contenté de me récrier fort doucement, pour la forme. Qu'il y a loin de mon enthousiasme des premiers jours! Mon amour-propre cependant demande que je ne cède pas à moins qu'on me presse fortement. Je sens que je désire qu'on me fasse violence. Fernand est ici. C'est pour moi un nouveau secours. Ma solitude ne sera pas si rigoureuse.

Il a passé une partie de la journée d'hier, à lire ce petit journal et le soir il s'est répandu en reproches.

— Vous avez, mon oncle, m'a-t-il dit, des idées vraiment extraordinaires. Vous ne pensez, comme personne. Pour moi, je renonce à l'étude si je dois arriver à un pareil résultat. Pourtant je sens qu'il me serait difficile de prouver que vous avez tort.

Rien ne vous touche de la part des hommes. Vous voyez les grandes actions, les dévouements sublimes presque avec indifférence. Je commence même à craindre que vous ne cherchiez à analyser les sentiments de véritable affection que je vous porte.

Cette manie de tout expliquer vous désenchante de tout. Chez vous plus d'enthousiasme. Comme les hommes vous apparaissent mesquins dans leurs meilleurs sentiments! Je sens que les idées que vous exprimez me révoltent..... Comment, vous souriez de ma peine à voir mes illusions disparaître!

— Calme-toi, mon cher ami, lui dis-je. C'est un service que je rends à ta jeunesse.

— Ne vaudrait-il pas mieux me laisser à mon erreur? J'aurais, du moins, le bénéfice de quelques années ensoleillées.

Le jeune homme doit-être dans la vie, comme celui qui promène un jardin, à l'époque des fleurs. Il jouit du beau spectacle que lui présente la nature. Il respire les parfums, repose ses regards sur les objets délicats qui le charment. Pourquoi, d'avance, penserait-il à l'hiver qui dépouillera le rosier de ses roses? Cette pensée empoisonnerait les joies qu'apporte le printemps.

Dieu ne veut pas que l'homme pense à la mort, puisque il lui en a soigneusement caché l'heure. Nous devons l'en remercier; car, ainsi, il nous est permis de jouir de la vie, jusqu'à ses derniers instants. Ainsi en est-il de la souffrance..... Pourquoi songer à la douleur lorsqu'elle est encore loin de nous? Non, je ne puis croire, mon oncle, que vous ayez raison d'abattre ainsi avant l'heure des illusions qui ont au moins pour effet de me rendre heureux quelque temps. Si tous nous devons être les victimes de la douleur; attendons, avant de gémir, qu'ells soit venue nous visiter.

Je suis un peu de l'avis de cet ancien qui disait: « Aujourd'hui couronnons-nous de roses, demain peut-être il nous faudra mourir. » Ou plutôt je préfère le conseil de l'Évangile. « A chaque jour suffit sa peine. » C'est en effet nous faire la vie bien plus malheureuse, que d'accumuler les douleurs du passé, du présent, de l'avenir, d'en faire un mausolée gigantesque, pour nous y ensevelir avant le temps.

D'après votre philosophie cruelle, il faudrait renoncer à l'amitié, le dévouement serait un calcul, les hommes des sépulcres blanchis. Revêtus de politesse et d'affabilité, ils porteraient un cœur envieux et égoïste. Non, je préfère résister à vos enseignements.

La mansuétude, la charité le bon sens du curé que je lis dans ses réponses, m'aideront dans ma défense.... Je suis certain que s'il osait, il ne manquerait pas d'autres arguments pour combattre vos théories ; mais il préfère, me disait-il, laisser passer la raffale. Vous êtes, en effet, bien ardent et bien affirmatif dans la discussion....... Toujours armé du scalpel de l'observation, vous ne vous arrêtez jamais, et vous touchez à tout. Avec vous il faut toujours aller de l'avant. Avec une cruelle satisfaction vous mettez à nu, sous nos yeux, les replis les plus cachés du cœur humain. Vous vous complaisez à analyser sans cesse. Serez-vous satisfait lorsqu'il ne restera plus rien au fond de votre alambic ?

— Perge, peur: continue, mon ami. Tu me fais là un vrai réquisitoire, et bien rigoureux. Me sera-t-il permis de me défendre avant de m'entendre condamner ?

Pourquoi rejeter ma doctrine ? Au lieu d'apporter des arguments qui en démontrent la fausseté, tu te plais à n'écouter que la voix d'une sentimentalité qui ne repose sur rien de réel.

Voyez-vous, Monsieur l'avocat, l'homme est tombé par orgueil. S'il persévère dans ce sentiment coupable il ne peut se relever. C'est cet orgueil qui le porte à se croire plus beau, plus grand qu'il n'est en réalité. Il veut à tout prix le paraître. Ce mensonge explique ses inconséquences. De plus, il cherche le moyen d'être bon. Mais dans sa bonne volonté, il ne manque pas de prendre ses désirs comme réalisables. Tout cela n'est qu'un mensonge odieux et funeste.

— Vous niez, mon oncle, chez l'homme tout sentiment noble. D'où vient donc que nous ne trouvons jamais assez d'éloges pour une bonne action et que même les scélérats tiennent à se faire passer pour honnêtes ?

— Mon cher neveu, tu sais qu'il est convenu entre nous et le curé de réserver ces questions. Elles ne doivent être traitées qu'aux jours et aux heures marquées. Que dira-t-il s'il apprend que nous avons transgressé le règlement ? et il l'apprendra sûrement car tu ne sauras pas tenir ta langue.

— Je ne vous demande qu'un mot et je vous promets de ne pas en parler à l'abbé ; sauf à remettre la question sur le tapis si, comme je le prévois, votre réponse ne me persuade pas.

— Eh bien soit ! mais un mot seulement.
D'abord je ne nie pas qu'il existe chez nous des sentiments meilleurs les uns que les autres. Seulement je dis et j'affirme que l'homme tend sans cesse à se diviniser Il se prête des qualités qui sont au-dessus de sa nature. Ses aspirations lui montrent la perfection. Bien qu'il ne puisse pas l'atteindre et qu'il n'ait pas le courage de travailler à cette acquisition, il veut paraître en être orné.

C'est cette prétention que je combats

parce qu'elle est sotte et que de plus elle le rend malheureux. Plus l'homme se croit parfait, plus il est à plaindre. Je ne le méprise pas. J'ai pitié de sa prétention. Que diriez-vous d'un singe qui voudrait se comparer à l'homme parce qu'il en a les gestes et la figure ! Ainsi en est-il de l'homme. Il porte en lui une image quelconque de Dieu et voici qu'il en vient à vouloir se comparer à lui !!... Voila toute ma pensée.

Je n'insiste pas, a répondu Fernand, mais plus tard vous me ferez le plaisir de développer cette pensée. N'est-ce pas?

— Volontiers. A propos du curé, il doit me juger bien original? Le brave homme me paraît ahuri des pensées que je soutiens. Ne t'a-t-il pas fait part de ses réflexions à mon sujet?

— Il m'en a parlé longuement, au contraire. Vous avez fait le thème de toute notre conversation d'hier. Ce qui l'étonne le plus chez vous, c'est de vous entendre prêter à l'homme des sentiments bas et égoïstes et que, malgré cela, vous l'excusez toujours. Il met cette appréciation bienveillante quand même, sur le compte de votre charité.

— Il a raison. La religion m'impose ce devoir. Mais c'est elle aussi qui éclaire ma philosophie. Si j'étais païen, je serai misanthrope. Toutes ces inconséquences me feraient mépriser l'humanité. Mais puis-je avoir ce sentiment, alors que je connais nos grandes destinées. Je gémis sur nos faiblesses, et je compte sur Dieu qui, connaissant notre nature ne se montrera pas aussi exigeant que nous le sommes les uns envers les autres.....

Nous sommes allés au village pour assister à la messe. Monsieur le curé comme par le passé à voulu nous faire partager son repas. La conversation a été fort animée.

Fernand est bouillant de caractère, et puis, je soupçonne que le curé lui a fait la leçon. Je ne puis dire deux mots ! Il est toujours là, pour m'arrêter et me contredire. La jeunesse ne doute de rien. J'aime Fernand comme un fils. Il est l'unique enfant de ma sœur qui mourut en lui donnant le jour. Cette circonstance me l'a rendu encore plus cher. Il connait l'affection que j'ai pour lui; aussi est-il libre avec moi, malgré mon extérieur sévère qui en effraye beaucoup . . . .

. . . . . . . . . . .

## Les Trompeurs et les Dupes

—————

. . . . . . . . . . . . .

. . . . . . Nous en sommes venus à parler de la vie du monde. Comme toujours je me suis laissé emporter par le sujet. C'est à peine si Fernand et le curé trouvaient l'occasion de glisser quelques mots.

— Je te l'ai dit et mille fois répété, mon ami, disais-je à Fernand, puisque tu te proposes de vivre dans le monde, choisis au plutôt le rôle qui te convient le mieux. Or tu n'en as que deux. Le rôle de trompeur et celui de dupe.

— Mais je ne veux ni de l'un ni ne l'autre! s'est-il écrié. Tous les deux me répugnent également. Je crois, mon oncle, que vous voulez m'effrayer par une plaisanterie.

— Pas le moins du monde. Crois-en ma vieille expérience.

— Puisque je n'ai que la triste alternative de tromper ou d'être trompé, pourquoi s'est-on efforcé de développer en moi, pendant les années de ma jeunesse, tous les sentiments honnêtes, nobles et généreux ? Il aurait mieux valu, dans ce cas, choisir, pour moi, le rôle qu'on me destinait et m'apprendre à le bien jouer. Ainsi, j'aurais moins souffert, et il me serait resté plus de chances de réussite. Mais non ! Je ne puis croire que la société soit avilie au point que vous voulez bien le dire.

— Il y a dans le « *Barbier de Séville* » de Baumarchais, une scène, où tous les personnages de la comédie se rencontrent dans une situation telle, que chacun croit tromper son voisin, alors que presque tous sont des dupes...... Le comte Almaviva a pu enfin pénétrer chez le docteur Bartholo, en se faisant passer pour l'élève et le remplaçant de Basile. Il a dû se trahir lui-même, afin d'éloigner tout soupçon. Le docteur donne dans le panneau. Il ne voit, en ce jeune homme, qu'un nouveau compère qui l'aidera à tromper Rosine. Celle-ci le trompe à son tour. Déjà les deux amants ont échangé quelques confidences, lorsque Basile apparaît ! Sa présence importune tout le monde. On s'efforce de lui persuader qu'il est malade. Bartholo et tous les autres lui crient: « Allez vous coucher, Basile, allez vous coucher ! » Basile, que la bourse du comte rend accommodant, se retire en grommelant : « Qui diable est-ce donc qu'on trompe ici ! »

Vous d'abord, Basile ; mais vous êtes moins dupe que d'autres, car vous emportez une bourse de cette lutte de fourberie, et c'est tout ce que vous poursuiviez.

Eh bien ! cette scène présente fidèlement la vie du monde.

Qui veut vivre de cette vie doit se résigner. Les hommes ne peuvent s'empêcher de tromper: C'est un instinct chez eux; ils trompent en parlant, en gardant le silence, en louant, en disant des injures, Mais comme la tromperie est employée par tous, ou peu s'en faut, il arrive souvent que les ruses de l'un sont mises à profit par la fourberie de l'autre. Tout est engin à tromperie. L'audace et la couardise, la timidité et l'effronterie, l'impiété et la religion, chacun, selon son caractère et ses dispositions, choisit ses armes.

— Vous faites le monde bien méchant! mon oncle, interrompit Fernand.

— Aussi l'est-il. Jésus-Christ était certes doux et bon: n'a-t-il pas maudit le monde?

— Sans doute, intervient le curé, mais il n'a pas maudit les hommes. Au contraire, il leur recommande de se tenir en garde contre l'esprit du monde.

— Eh bien! Monsieur l'abbé, je ne prétends pas dire autrement. L'esprit est ce qui dirige; c'est lui qui est l'âme de toutes les actions. Or, si l'esprit est mauvais, tout sera mauvais; parce que rien de bon ne peut sortir d'une source de mal.

L'esprit du monde est trompeur, donc tous

ceux, qui seront dans le monde et vivront de sa vie, seront acteurs ou victimes. Souvent l'un et l'autre simultanément.

Le profit est au plus habile. Parcourez l'échelle sociale dans toute sa longueur et dans toute sa largeur, vous ne rencontrerez que des trompeurs et des dupes.

Elle trompe, la jeune fille qui cherche à se faire supposer des grâces dont elle est dépourvue. Le fard colore ses joues, une chevelure étrangère orne sa tête, les lignes trop anguleuses de son corps sont adoucies par une foule de suppléments qui comblent les vides, ou dissimulent les proéminences excessives. Elle veut paraître plus belle qu'elle n'est en réalité afin d'attirer l'attention. Elle fait la naïve alors qu'elle pourrait, peut-être, en remontrer à un tambour-major de la vieille armée. En un mot, elle passe ses journées à chercher de nouveaux moyens de dissimulation.

Cependant, si quelquefois, elle réussit à tromper, le plus souvent, elle grossit le nombre des dupes.

Celui, qu'elle a cru s'attacher par l'affection ou l'admiration, brûle seulement d'impatience de posséder sa dot.

Mettez, dans la catégorie des trompeurs et des dupes les hommes, les femmes, les maris, les épouses, les enfants, les vieillards, tous les corps de métiers et d'état, le médecin qui tue son malade, le malade qui ne paye pas son médecin; l'héritier supplanté par un enfant posthume, le faux dévot dont un œil se porte vers le ciel et qui, de l'autre, surveille attentivement les biens de la terre, le vendeur qui ment, l'acheteur qui se parjure, l'assassin qui frappe de l'épée, le flatteur qui vous étouffe de caresses.....

Tromper, c'est le commerce de la vie. Chacun le sait; aussi se tient-il en garde le plus et le mieux qu'il peut. On ne laisse pas de s'estimer. Sans rancune on cherche à profiter des leçons reçues, pour les mettre en pratique. Cela s'appelle faire des affaires?...

— Vous venez, Monsieur Arsène, reprit le curé, de nous faire le tableau d'une société bien corrompue; mais grâce à Dieu, la perversité n'est pas aussi générale. Il est encore bon nombre d'hommes d'honneur qui sont loin de suivre cet esprit.

— Qui vous dit le contraire, Monsieur l'abbé? Mais si ces personnes dont vous parlez persistent à vivre dans le monde, je les range sans hésiter dans la catégorie des dupes. Que diriez-vous de celui qui voudrait lutter sans armes contre un ennemi armé de pied en cap? Infailliblement il sera vaincu et désarmé.

Ainsi en est-il des hommes qui ont juré de rester fidèle à l'honnêteté. Qu'ils n'attendent rien du monde, ni de la société; car ils ne peuvent tenir leurs serments qu'en consentant à être victimes. Après qu'on les aura trompés, volés, pillés, déshonorés, de toute façon, on les tournera en ridicule pour avoir voulu réagir contre le torrent. Je sais que plusieurs préfèrent supporter ce mépris plutôt que de forfaire à l'honneur. Ceux-là, je les salue avec respect, et je les félicite d'avoir placé leur espoir ailleurs que sur les biens de la terre. Mais avouez, que pour la plupart des cœurs humains, ces actes héroïques sont bien difficiles à accomplir. Il peut se faire qu'on se décourage. Aussi après avoir longtemps joué le rôle de victime, on est fortement tenté de jouer celui de bourreau. Il est toujours plus glorieux aux yeux du monde, et souvent plus profitable.

Je causais un jour avec un honnête négociant. Je le félicitais sur la prospérité de sa fortune.

— Oh! me dit-il, je ne gagne presque rien. C'est à peine si je réussis avec beaucoup d'ordre et d'application à faire rapporter le 3 o[o à mes capitaux; c'est pourquoi je ne tarderai pas à me retirer du commerce.

— Vous m'étonnez! Je supposais que votre fils recueillerait la succession et continuerait vos opérations.

— Jamais! s'écria-t-il, j'ai trop souffert pour rester honnête: Je ne veux pas l'exposer, lui, à hésiter un seul instant entre le devoir et le déshonneur.

— Je ne comprends pas, je vous avoue, la portée de vos paroles.

— Voyez-vous, Monsieur, aujourd'hui, dans les affaires, un honnête homme, s'il veut rester tel, non seulement ne peut s'enrichir; mais il est certain de se ruiner Moi qui vous parle, n'était une loyale clientèle, qui est restée fidèle à la maison depuis un siècle, je n'aurais pas tardé à être ruiné. Pour être commerçant, il faut mentir, et moi je ne sais pas mentir. Le mensonge est à l'ordre du jour.

Tout est falsifié et travaillé de manière à tromper plus sûrement l'acheteur. Celui-ci à son tour achète très cher et souvent ne paye pas. La faillite, la banqueroute sont choses communes: elles sont devenues une des espèces d'opérations financières. Ceux qui sont pressés de s'enrichir employent ce moyen. Un client arrive, il vous annonce le crac que presque toujours il a préparé de longue main. Il vous proteste de son amitié, et pour preuve, il veut vous restituer intégralement ce qu'il volera sans remords à d'autres de ses créanciers. Cela s'appelle se ménager des moyens de sortie. Vous refusez; car vous êtes honnête ; mais un autre accepte, et toujours vous êtes volé.

— Oui, mais il reste les tribunaux, la justice! m'écriai-je.

— Grande naïveté que celle de compter sur les tribunaux. Sans doute on accepte vos réclamations. On vous encourage même en vous faisant espérer que justice vous sera rendue. Puis après des va et vient, des considérants à n'en plus finir, on vous démontre longuement qu'on ne peut tirer du sang d'une pierre !

Vous voilà donc bien consolé.

Votre débiteur se trouve avoir à son actif une condamnation de plus. Quant à vous, vous pourrez savourer le plaisir d'entendre dire que vos réclamations sont justes, en payant les frais du procès. Vous êtes volé de tous côtés, par les fripons et par les gens de loi. »

— Eh bien, Monsieur le curé, qu'auriez-vous répondu à ce brave commerçant ?

— Mon Dieu, je ne sais. Mais certainement je lui aurais dit, qu'il avait tort de généraliser ainsi. Que la société renferme des fripons ; tout le monde l'admet. Au lieu d'en vouloir à tous les hommes, il faut se tenir en garde contre les gens de mauvaise foi.

— Et comment les connaîtrez-vous ? Pensez-vous qu'ils portent affiché sur leur front, le témoignage de leur fourberie ? Ils ne manqueront jamais, au contraire, de se présenter avec toutes les apparences de l'honneur.

Voulez-vous me permettre de dire toute ma façon de penser ?..... Vous êtes plus naïf que ne le comporte votre âge. N'allez pas dans le monde : vous manquez d'une éducation spéciale. Vous seriez un des plus faciles à duper. Certes, ce n'est pas un reproche que je vous adresse. Je voudrais, moi aussi, que les hommes fussent tels que vous vous les imaginez.

Les hommes en sont arrivés au point de donner le nom de vertu à tout moyen qui réussit. Le bon sens, qui est partout la qualité la plus vantée, est peut être celle qui varie le plus.

Le bon sens, à mon avis, c'est le savoir faire. Il consiste à se diriger selon les circonstances et sans *s'écarter du devoir.*

La vertu consiste à suivre toujours, coûte que coûte, la ligne tracée par le devoir.

Le bon sens et la vertu devraient donc marcher toujours ensemble. Est-il vertueux celui qui flatte l'orgueilleux, qui marche à la remorque du méchant heureux, qui trahit le puissant tombé, qui méconnaît l'ami devenu misérable ?...

Non, n'est-ce pas? Eh bien selon le monde, c'est un homme de bon sens. Celui-là, dit-on, fera son chemin. Sans doute il trompe ; mais pourrez-vous lui en faire un reproche ? Il vous répondra, que ce n'est que pour éviter d'être trompé !

D'un autre côté, l'honneur, la fidélité sont les choses le plus admirées, et on ne fait rien pour les acquérir. On les vénère en théorie. En principe, on n'est pas fâché d'en avoir pour la montre.

Tout homme est femme du côté moral.

On cherche toujours à paraître meilleur qu'on n'est en réalité. De même qu'une jeune fille emprunte à la mode ce que la nature lui a refusé ; ainsi des hommes quand il s'agit de l'honneur. Ils veulent avois l'extérieur honnête et rien de plus. La plupart se sentent impuissants pour l'être en effet.

Méfiez-vous de celui qui cherche à vous persuader qu'il est homme d'honneur ; car on ne parle jamais plus que de la vertu qu'on n'a pas. Il a peu d'honneur celui qui sans cesse fait parade du sien. On sait que les boutiques le mieux fournies ne sont pas celles qui font le plus de réclames.

— Savez-vous, Monsieur Arsène, dit le curé, que vous êtes plus réaliste que Zola qui ne se gêne pas, dit-on, pour décrire la licence des mœurs d'une certaine société ?

— On a raison d'en vouloir au réalisme. Il peint trop fidèlement les laideurs humaines, sans assez les flétrir. C'est là qu'est le mal. Mais pourquoi les hommes s'irritent-ils à la peinture de leurs défauts, au lieu de s'appliquer à les réformer ! En parlant ainsi, je ne fais que tenir le langage, même adouci, des prophètes. Jérémie ne se plaint-il pas que, de son temps, on ne parle que le langage de la ruse et de la tromperie. Songe-t-on à lui reprocher la rigueur de ses jugements ?

L'humanité est sous le coup de la malédiction qui a frappé la terre. Un champ laissé sans culture ne produit que des plantes inutiles ou nuisibles. Personne n'en est surpris. Et voici qu'on prétend avoir de la vertu sans cultiver son âme.

— Vous êtes cependant trop sévère, mon oncle, reprit Fernand. Voudriez-vous que l'homme se montrât tel qu'il est ? Cela est impossible. Quel est celui qui consentirait à mettre toujours à nu ses pensées et ses sentiments? C'est comme si vous exigiez que toutes les difformités du corps parussent au grand jour. Ici trop de sincérité serait de l'impudence.

— Oui, l'habit est nécessaire ; car il cache des laideurs qu'on ne saurait supprimer : mais la dissimulation est un habit dont l'âme pourrait bien se passer. On n'est pas excusable de vouloir s'en revêtir. En effet, sa personne ne peut rien ajouter à sa taille, nous pouvons tous, si nous le voulons, corriger nos défauts et parfaire nos qualités.

# LA RÉHABILITATION

Il y a dans la société, des anomalies que personne n'ose signaler, parce qu'on se sent impuissant à les corriger.

Bien des choses paraissent naturelles, par le seul fait qu'elles existent depuis longtemps. Je ne veux, pour preuve de ce que j'avance, que les innombrables changements que les siècles ont opérés. Le temps se montre plus sage que la raison humaine : car il corrige les abus que celle-ci laisse subsister, sans éprouver de remords. Les hommes le savent ; aussi ils s'habituent à trop compter sur l'œuvre du temps.

D'autre part, une loi est injuste, et il arrive bien souvent qu'on la regarde comme juste et légitime, par cette unique raison que le mal individuel ne compte pas. On sacrifie sans remords le particulier au général. C'est de ce principe qu'on n'ose pas attaquer que découlent pourtant une foule d'injustices.

Telles étaient les idées que je développais au curé, en compagnie de Fernand, pendant que s'éloignait un jeune homme à qui nous venions de faire l'aumône...... Il ne trouvait pas de travail, nous avait-il dit. Je soupçonnais en lui une des nombreuses victimes de la société. En voyant cette infortune, j'en voulais aux hommes qui, sous prétexte de bien général, écrasent un individu sous la honte d'un châtiment exagéré.

— Cependant, disait le curé, l'intérêt particulier doit toujours céder de ses droits à l'intérêt public; sans cela toute société est impossible.

— Serait-il si difficile de trouver le moyen de les sauvegarder l'un et l'autre ?

A mon avis, il reste une foule de questions à résoudre, parce qu'on ne s'applique pas, ou presque pas, à leur solution. Tout le monde gémit de cet état de choses. On l'accepte, comme un mal nécessaire et tout est dit. Bien peu réfléchissent aux moyens de l'améliorer. Ainsi tous s'accordent à constater que la société est cruelle pour ceux qu'elle ne veut que punir.

Nous avons des lois de répression et de châtiment. On s'efforce, chaque jour, de les rendre de plus en plus vigilantes et efficaces. Rien de mieux. Mais a-t-on jamais songé à introduire, dans ces lois, un article qui donnerait l'espérance de la réhabilitation ? Le repentir, je le sais, est un sentiment et ne peut par conséquent compter dans les jugements humains.

Un vagabond, un voleur, un assassin même a été surpris en flagrant délit ; le tribunal a appliqué la peine édictée par la loi. Le condamné, de son côté, a payé le tribut du châtiment qu'on réclamait de lui.

Sa peine a-t-elle pris fin, lorsque le temps de sa réclusion a expiré ? Pas le moins du monde. Au contraire, c'est alors que commence pour cet infortuné une torture qu'il devra traîner avec lui toute sa vie. Elle lui pèsera plus lourd que le boulet des forçats ! C'est la torture de la honte.

On s'élève, avec raison, contre les siècles passés qui imprimaient un signe infâmant dans les chairs du forçat libéré. Aujourd'hui on ne voudrait plus marquer le front de personne d'un signe de malédiction. Et pourtant ! Tout condamné est si bien flétri par la loi qu'il ne peut plus paraître devant ses semblables. Ni le repentir, ni l'amendement, ni une conduite, désormais en tout irréprochable, rien ne peut relever celui que la société a marqué du sceau de la réprobation. Permettez-moi de vous citer un fait qui m'a bien péniblement impressionné.

Un soir, peu après le coucher du soleil, je me promenais seul, sur une place, en ce moment déserte, d'une grande ville. Je fus accosté par un jeune homme. Il était assez proprement vêtu. Son visage pâle et ses mains blanches me le firent prendre d'abord pour un employé de bureau. Quel ne fut pas mon étonnement lorsque je le vis me tendre la main pour solliciter une aumône : « Monsieur, ajouta-t-il, je n'ai rien mangé d'aujourd'hui. »

— Mais vous ne travaillez donc pas, m'écriai-je. Seriez-vous malade ?

— Non, Monsieur, je ne suis pas malade et je voudrais pouvoir travailler. Tout le monde se détourne de moi. Je suis sorti de prison depuis deux jours. Comme, avant de consentir à m'occuper, on me demande mes papiers, je suis obligé de montrer mon livret où chacun peut lire ma triste aventure. Il ne me reste pour vivre que la ressource de mendier et encore je dois le faire de nuit ; car, si la police me surprenait, je serais reconduit en prison. Ah ! je voudrais pouvoir vivre honnêtement !

Des larmes coulaient de ses yeux. Mon cœur se serra de pitié, à la vue de l'infortune de ce tout jeune homme. Je l'encourageai de mon mieux, et lui donnai quelque argent. Il me remercia chaleureusement et s'éloigna.

Cette infortune, me disais je, est la plus poignante ; car elle conduit à la mort de misère ou à la mort de l'échaffaud. Que deviendra ce jeune homme, aujourd'hui peut-être sincèrement repentant? Rejeté de partout, il se joindra à d'autres qui sont dans la même situation. Puisque la société policée refuse de l'accepter dans ses rangs, il ira loin d'elle, former, contre elle, une société de haine et de crimes. Il luttera toute sa vie pour se trouver une place au soleil. S'il ne peut plus prétendre à l'honneur, il prétendra au bien-être, à la fortune.

— Il faut bien pourtant que la société regarde des criminels et que les citoyens puissent reconnaître ceux dont ils doivent se méfier.

— La prudence veut qu'on se défie, en quelque sorte, de tout le monde. Personne n'est impeccable. Celui qui est debout peut facilement tomber. Souvent même il y aura pour l'avenir plus de garantie dans celui qui a été purifié par le repentir et instruit par l'expérience. Et puis tous les coupables ne sont pas connus pour tels. Il en est beaucoup qui échappent aux investigations de la police, la mieux organisée. Que d'hommes qui mériteraient la flétrissure et qui marchent le front haut.

— Avouez, Monsieur, que vous mettez toutes choses au pis. A vous entendre, tout homme serait scélérat ou à la veille de l'être. Vos suppositions ne sont pas inspirées par la charité.

— Je suis plus charitable que vous ne pensez. C'est parce que je le suis encore un peu, que je m'irrite contre ceux qui ne le sont pas du tout. Je me suis demandé souvent comment il peut se faire qu'on perde si facilement et souvent si injustement sa réputation. La société en fait fi: cependant elle est regardée par tous comme le plus précieux de tous les biens. Je pense que cela provient de la méchanceté, et surtout de la faiblesse de la nature humaine. Naturellement nous ne sommes méchants que parce que nous sommes orgueilleux. Cet orgueil nous porte à vouloir paraître meilleurs que les autres. Voilà pourquoi nous nous efforçons de rabaisser tout ce qui nous entoure.

Nous nous prévalons souvent des ruines que nous avons faites nous-mêmes. En outre nous sommes faibles. Nous en sommes intimement convaincus; car nous ne pouvons mentir à notre propre conscience aussi facilement que nous mentons aux autres.

Par suite de cette conviction de notre propre faiblesse, nous croyons facilement le mal qu'on dit d'autrui. Nous exagérons toujours, chez les autres, le mal que nous commettons si facilement. Plus un homme crie au scandale, en apprenant la faute d'autrui, et plus il est susceptible de chûte; car, c'est pour donner le change, qu'il simule une sainte colère.

Si nous étions tous des saints, les réputations seraient à l'abri. Un fripon juge le genre humain à sa propre mesure; aussi voulez-vous connaître le degré de moralité chez un peuple? Observez comment la calomnie y est accueillie. Si elle obtient facilement créance ce peuple est corrompu.

— J'en ai pourtant connu beaucoup qui pensent que plus un homme est sévère dans ses jugements, plus il a la conscience en repos.

— Il en serait ainsi, si l'homme était sincère avec lui-même et surtout avec les autres. Mais nous aimons tous à nous faire illusion sur notre propre mérite.

On appelle réputation, l'estime dont une personne est l'objet de la part de ses semblables.

Cette estime doit elle être regardée comme le résultat d'un jugement infaillible? Faut-il dire qu'un homme est irréprochable parce que tous publieront sa vertu? Non, mille fois non!

Le suffrage universel n'est pas capable de donner un brevet d'honnêteté garanti mérité. Celui qui connait le cœur humain avec ses faiblesses et ses soubre-sauts, peut dire tout au plus que cet homme n'a pas été pris en flagrant délit d'improbité. Il ne peut en être différemment. Les hommes seraient mal venus de juger autrement que d'après ce qu'ils sont et ce qu'ils voient.

— Vous donnez carte blanche pour tout mauvais jugement. D'après ce que vous dites, un fripon pourrait logiquement mettre tout le monde au rang qu'il occupe. En jugeant si mal de la nature humaine, ne redoutez-vous pas, pour vous-mêmes, un jugement sévère?

J'y suis exposé avec le commun des mortels ; car mes actions tombent sous la critique universelle ; mais la peur d'être mal jugé ne doit pas fermer la bouche du philosophe observateur. Un amour propre de mauvais aloi nous fait trop souvent voiler la vérité.

Je ne veux pas dire que tout homme a commis des crimes ; mais seulement que chacun porte dans son cœur assez de faiblesse ou de méchanceté pour les commettre. Je voudrais crier sur les toits que cet état malheureux devrait nous rendre charitables dans nos jugements et circonspects dans la condamnation. Enfin, je désirerais qu'on fut persuadé que l'honneur dont on peut jouir vis-à-vis de ses concitoyens ne signifie absolument rien ; que l'invitation de J.-C. dit vrai, lorsqu'elle avance que les jugements des hommes ne nous font pas meilleurs ou pires.

Par l'expérience que j'ai acquise dans ma vie mouvementée, je crois pouvoir affirmer qu'avoir de l'honneur, selon le monde, c'est-à-dire, selon l'opinion, c'est n'avoir rien laissé découvrir en soi qui attire la mésestime.

Voilà pourquoi il ne faut pas s'étonner de voir un si grand nombre d'hommes marcher le front haut, alors qu'ils seraient aux galères, si leur conduite secrète était connue.

L'honneur et la réputation sont souvent un vernis qui cache bien des laideurs.

Ce que je veux démontrer, ce n'est pas que la vertu ne se trouve nulle part; mais bien que les hommes l'honorent souvent là où elle n'est plus, et peut-être, où elle n'a jamais habité. Je m'élève contre cette erreur qui fait qu'un homme est satisfait parce que sa réputation est bonne. Je voudrais lui dire, moi, afin de le rendre plus charitable envers les autres, je voudrais lui dire que tout honorable qu'il paraît, il peut être un fripon : comme il peut se faire que celui qu'il condamne, sans enquête, sur le dire d'une mauvaise langue, vaille cent fois mieux que sa réputation.

Enfin, je voudrais les hommes plus enclins au pardon.

Mais voyez le scandale journalier qui se déroule sous nos yeux. Tel homme dont l'intégrité était vantée, depuis fort longtemps, qui avait la confiance de ceux qu'il fréquentait ; chez qui chacun apportait aveuglément son argent ; cet homme, dis-je, a fait banqueroute frauduleuse.

C'est un voleur, n'est-ce pas? Il l'est depuis de longues années. Il l'est doublement, puisqu'il a volé la fortune d'autrui, par le moyen de l'estime publique, qu'il a trompée. Eh bien, comment son honneur a-t-il été tué ? Est-ce par sa mauvaise action elle-même ? non pas, mais seulement par la découverte de sa duplicité. Si celle-ci n'eut jamais paru au dehors, cet homme serait resté honorable. Nombreux sont ceux qui profitent de cette ignorance. Donc les hommes se sont trompés, donc ils peuvent se tromper encore, donc l'estime des hommes ne prouve rien.

— Et pourtant, tout le monde, vous le premier, vous tenez à votre réputation d'honorable.

— J'y tiens, sans doute, un peu par orgueil, par amour propre, et beaucoup par intérêt. J'y tiens, parce que, sans réputation, la société m'est fermée, parce que, sur le dire de quelques-uns, tout le monde me montrerait du doigt avec mépris. Je tiens à une bonne réputation; car elle m'est comme un avant goût de la récompense que Dieu réserve à mes vertus.

— Puisque la réputation est regardée comme un bien si précieux, reprit Fernand, d'où vient, mon oncle, qu'on la perd si facilement, souvent si injustement, et toujours sans espoir de la reconquérir ?

— Oui, mon ami, avec toi je m'irrite qu'on me ravisse, avec tant de facilité, ce que j'estime de plus précieux. Aussi je voudrais que le calomniateur fut puni, à l'égal de l'homicide.

Le calomniateur est le pire des assassins.

Comment ! l'homme trouve souvent assez de ressort pour sacrifier sa vie à l'acquisition d'un peu de gloire, et voici qu'un scélérat, par un mensonge, peut détruire impunément l'honneur de toute une vie ; et ce scélérat demeure insaisissable, et tout le monde n'hésite pas un instant à se faire son complice ! Cela est odieux. Ce qu'il y a encore de plus odieux, c'est que chacun pense ainsi quand il s'agit de lui-même et s'empresse de se ranger au nombre de ceux qui accablent son voisin.

— Et la médisance ? ajouta Fernand, la trouvez-vous légitime ? Il semble de prime abord que toute faute doit porter avec elle son châtiment : la médisance paraît être l'avant-coureur de la justice : Dieu pourtant défend de médire.

— Dieu défend de médire, parce que le monde ne sait pas pardonner. Je vais même plus loin et je dis que le monde a le droit de ne jamais pardonner. Dieu seul, qui lit dans le fond des cœurs, est seul assez puissant et assez juste pour pardonner au repentir. Le monde ne le peut. Tout cela est logique. Le repentir est un sentiment, les hommes ne peuvent lire dans l'âme.

— Mais alors, que faites-vous du commandement de Dieu qui nous oblige au pardon des injures ?

— Oui nous pardonnons en tant que particuliers. Je parle ici du monde en tant que société.

— Mais si je ne me trompe, reprit le curé, vous paraissez contredire ce que vous avez dit précédemment.

— Pas le moins du monde. Je disais tout à l'heure que la société ne met pas de proportion entre la faute et le châtiment, qu'en cela elle désespère la faiblesse humaine ; mais je me suis bien gardé d'avancer que la société doive pardonner.

— Cependant de grandes, de belles actions font oublier quelquefois des défauts connus du public.

— Nous voici naturellement amenés à parler d'une autre classe de sentiments humains. Ils ont rapport à un autre côté de la réputation. Nous touchons à la gloire.

On vante, dans le monde, les grands crimes, comme les grandes vertus. Tout ce qui sort de l'ordinaire intéresse les hommes. Il y a le triomphe des fripons, comme il y a le triomphe des héros et des saints. Beaucoup ont envié la gloire d'un scélérat de renom.

— C'est qu'alors l'admiration est dévoyée.

— Si elle existe, cela suffit à qui recherche la gloire du monde. Tel voudrait être Pranzini, l'assassin fameux, qui ne se soucierait pas d'avoir été Louis XVI. Attila, le dévastateur, a eu la gloire qu'il désirait.

Le mal a ses disciples, comme le bien a les siens. Il les a même plus nombreux et souvent aussi intelligents.

C'est une erreur de croire que l'intelligence et le génie sont exclusivement voués au bien. Aussi, serait-ce faire fausse route, que de vouloir prouver la vérité ou la beauté d'une doctrine par le nombre des génies qui en ont été les partisans ou les admirateurs. L'erreur, sous ce point de vue, peut opposer ses disciples à ceux de la vérité. La vérité apporte sa force par elle-même, elle ne tient rien des hommes.

## *Les Classes de la Société*

A propos d'un de nos voisins, homme charmant, qui porte, de plus, un nom illustre, Fernand me disait :

— On a bien tort de représenter les nobles, sous des couleurs si sombres. On les fait hautains, remplis de rancune et de mépris. Quant à moi, je n'ai rien trouvé de plus exquis que la Société de ces hommes de haute lignée. Il est vrai qu'ici l'adage : « A toute règle générale il est des exceptions » est encore applicable : Mais enfin l'ancien ordre de choses avait du bon.

— Alors, mon ami, tu voudrais en revenir à l'époque des chevaliers ?

— Je ne dis pas cela ; non pas que je considère ces temps plus malheureux que les nôtres ! bien au contraire. Mais je me plais à rendre justice à ceux qu'on dénigre de nos jours avec tant d'acharnement.

— Aujourd'hui, il n'existe pas de castes et c'est un bien. Il ne reste plus que le nom qui se perpétue à travers les générations. Le nom noble n'est plus qu'un souvenir.

— Et un souvenir glorieux ! s'écria Fernand.

— Oui, je suis loin de te contredire.

Ces distinctions nobiliaires me rappellent une observation assez curieuse que je fis dans un de mes voyages.....

Dans l'île de X....., il y a, comme en France, une noblesse sans privilèges, et de sa part, sans prétentions. Elle se distingue seulement par le nom. Les petit-fils des hommes illustres, ont le droit de porter le nom qui fut donné à leurs ancêtres, pour perpétuer le souvenir des services rendus à la patrie. En France, la noblesse fait précéder son nom de la particule « de » et le nom lui-même tire son origine d'une terre donnée, comme récompense au dévouement à la patrie.

Là bas, au contraire, les nobles reçoivent le nom même de la vertu qui les illustra. suivi du pays de leur naissance. On compte les familles de « Le juste », Le brave », « Le valeureux », « Le magnifique », « L'habile », « Le génie », « Le probe », etc., etc.

— J'avoue, mon oncle, dit Fernand, que ce moyen d'illustrer une famille par le nom est bien meilleur que celui dont on s'est servi en France. En effet, la particule « de » ne dit pas grand chose à l'esprit. Elle peut, sans doute, distinguer celui qui a le droit de la porter ; mais elle ne dit absolument rien sur la nature de la distinction.

— En effet, mais il y a un grave inconvénient dans les noms plus significatifs.

Il me fut donné de faire connaissance avec plusieurs nobles de ce pays, et je t'avoue que leurs qualités personnelles sont loin de répondre au nom qu'ils portent.

Un, entre autres, qu'on appelait « Le

généreux » est d'une ladrerie à faire rougir de sa prodigalité l'Harpagon de Molière. Mon voisin nommé « le probe » a fait deux fois banqueroute ; ce qui n'empêche pas qu'il se trouve dans une situation de fortune à commander le respect.

Ce contraste odieux m'exaspérait au point, que je ne pouvais consentir à me servir de noms si nobles, pour appeler de si tristes personnages.

— On devrait donc abolir de pareilles appellations ! se hâta de dire Fernand.

— Tout à l'heure tu en étais enthousiaste et voici que déjà tu veux les supprimer ? Je ne suis pas complètement de ton avis.

C'est aux descendants des hommes illustres de s'efforcer de marcher sur leurs traces, en imitant leurs vertus.

Rien de plus légitime que les fils héritent de la fortune et du nom de leurs pères. Tant pis, si ce nom devient pour eux une sanglante ironie : mais où l'injustice est flagrante, c'est que dans le pays en question, des fils indignes de héros, exigent, pour leur personne, la même vénération et les mêmes honneurs, qu'on rendait, autrefois, à leurs valeureux ancêtres.

Dans ce pays, les familles illustrées par un membre remarquable se sont multipliées et en sont venues à former une partie considérable de la nation. Ces hommes prennent le nom d'illustres et prétendent à un rang spécial dans la société. Ils traitent les places et les honneurs comme une redevance, dont ils doivent hériter de père en fils. Ils ne font pas cette facile réflexion : que la nation ne s'est pas engagée à servir perpétuellement les descendants d'un homme illustre.

Le héros a sa statue sur les places publiques. Mieux que cela, il a son nom gravé par la reconnaissance dans le cœur de ses concitoyens : mais la justice demande que son fils reste dans les rangs du commun des mortels, jusqu'à ce qu'à son tour, il vienne prouver que le courage, la sagesse et le génie de ses pères ont été transfusés dans ses veines.

— Je suis loin, mon oncle, de partager vos conclusions. En France, par exemple, la noblesse, comme corps, a rendu de très grands services.

Sans doute, il peut se rencontrer des nobles indignes de ce nom : mais de tout temps, le grand nombre a eu à cœur de perpétuer les vertus de leurs aïeux. La distinction de cette classe, n'aurait-elle pour effet que de réunir les efforts communs, vers un but unique, la gloire de la patrie, le résultat obtenu ferait aisément oublier les malheureuses exceptions de traîtrise et de félonie.

— Avec toi je rends justice à la noblesse pour les grandes choses qu'elle a opérées dans notre pays, alors que la société n'était pas encore formée. C'est elle qui protégea l'enfance du peuple, qui adoucit ses infortunes, grandes au sortir de l'esclavage. C'est elle qui l'éclaira des lumières de la foi civilisatrice de Jésus-Christ. Mais sa mission est finie ; ce serait entretenir des préjugés, que de songer à lui maintenir ses privilèges.

Aujourd'hui la Patrie française se compose de tous les citoyens. Qu'importe la gloire que peuvent conquérir un certain nombre, si les autres sont dans l'esclavage.

Toute nation doit être une dans sa composition, sinon elle ne tardera pas à se diviser à l'infini et par conséquent à périr. L'égalité des citoyens est la seule garantie de la force et de la prospérité d'un pays.

Et puis l'estime ne peut être matière à testament, ni à héritage. Le mérite est un bien personnel. Il reste inaliénable. Ainsi personne n'a le droit de se targuer des qualités d'un autre, cet autre fût-il son père, pour commander le respect et prétendre à la distinction.

— En cela, je suis complètement de votre avis. Toutefois, il me semble que de même qu'on peut hériter de la fortune des aïeux, rien ne s'oppose à ce qu'on puisse aussi leur succéder dans les places qu'ils ont occupées.

— Raisonnons un peu ! De qui les premiers tenaient-ils leur situation et leur commanderie ?

— Du roi qui les en avait investis.

— Pas du tout. Ils tenaient tout de leur mérite, qui les avait désignés à l'attention du chef de l'Etat. S'ils avaient été nommés par le caprice, le caprice pouvait les faire déchoir. Selon la stricte justice, le roi n'avait pas le droit de les choisir, s'ils ne s'étaient pas montrés dignes de ce choix.

— Et le roi, lui-même, de qui tenait-il le pouvoir ? Je vous fais cette question, parce que je m'aperçois que vous tenez pour le régime royal le langage qu'on tient aujourd'hui pour le régime républicain. A vous entendre, l'hérédité du trône ne saurait exister. Vous ne pouvez pourtant pas nier la légitimité des successions royales !

— Les rois tenaient le pouvoir médiatement du peuple et immédiatement de leur prédécesseur, parce que le peuple s'était démis du droit de choisir à la mort de chacun. Je m'explique.

L'hérédité royale n'est pas une légitimité de droit. Elle n'est qu'une légitimité de fait.

L'autorité est impersonnelle. Dieu seul est maître du pouvoir ; tandis que chez les hommes, c'est l'autorité qui est maîtresse ; c'est elle qui commande et non celui qui la représente.

La loi est au-dessus de celui qui la fait exécuter.

Chez les peuples, tout homme d'autorité n'a, et ne peut avoir, que le pouvoir exécutif.

Une société politique peut se définir : « Un certain nombre d'hommes, groupés sur un sol déterminé, qui associent leurs ressources, pour augmenter leurs forces et leurs biens. » Les lois ne sont autre chose que les règlements consentis par les sociétaires. Les chefs sont ceux qui les font exécuter.

Naturellement et raisonnablement ce serait toujours au plus vertueux et au plus habile à représenter le pouvoir. Cependant il peut arriver que pour plus de tranquillité, à cause des troubles des temps, les peuples se démettent du soin de ce choix et qu'alors ils désignent une famille à laquelle ils confient, pour un temps, la représentation du pouvoir. Mais ce n'est là qu'une exception à la règle. Cette exception, une nation peut la faire cesser quand il lui plaît. La famille privilégiée ne doit pas alors se considérer comme dépouillée d'un droit. C'est un honneur qu'on lui retire : voilà tout !

— Vous faites prestement le procès à la légitimité de notre famille royale. Vous trouverez bon que je m'étonne de ces théories nouvelles ?

— Théories nouvelles ! Mais elles sont, au contraire, plus anciennes que celles sur lesquelles on s'appuye pour défendre l'hérédité du trône.

Remarquez, d'ailleurs, que le regretté comte de Chambord n'entendait défendre sa légitimité que dans ce sens. Naguère encore le comte de Paris l'a dit, d'une façon plus explicite encore, lorsqu'il proposait de consulter la nation, pour savoir si elle voulait rompre le contrat entre elle et sa famille, contrat qui a duré plusieurs siècles.

On ne peut sérieusement avoir d'autres idées sur la représentation du pouvoir. Si nous remontons à son origine, que voyons-nous ?

Au commencement c'était le père ou l'aïeul qui avaient l'autorité suprême. Mais depuis que les familles se sont réunies nombreuses pour constituer l'Etat, le pouvoir a été représenté par le plus habile et le plus vertueux. Il était élu parmi ceux dont il devait administrer les intérêts.

Remarquez que je ne fais que traduire St-Thomas. A son époque la royauté était élective, non pas par le suffrage universel, mais par les délégués de la nation. Plus tard cette élection ne fut plus qu'une formalité et puis enfin on négligea même cette formalité. La France était tombée sous la monarchie absolue. C'est alors qu'il n'y eut aucun intervalle de temps entre le cri de deuil : « Le roi est mort ! » et le cri d'allégresse : « Vive le roi ! »

L'histoire des peuples nous montre, en effet, que toujours, après une succession de rois plus ou moins longue, le pouvoir suprême a dégénéré en absolutisme et en tyrannie.

— Vous paraissez, mon oncle, avoir oublié les services que les rois ont rendus à la nation.

— Je suis le premier à reconnaître que la royauté a rendu de grands, de très grands services aux peuples. Sans elle, ils n'auraient pas su profiter du bien de la civilisation. Ayant déjà assez de peine à se constituer, ils auraient eu, de plus, à supporter les troubles et les malheurs, qui trop souvent accompagnent les changements, à cause des nombreuses compétitions. Mais à chaque époque ses remèdes. Un enfant a besoin d'être commandé. Il obéit sans raisonner. Un homme fait obéira pourvu qu'il connaisse la raison des ordres qu'on lui donne, sinon il se révolte. Or, pour que le peuple puisse connaître et discuter, il faut une liberté de parole que ne comporte pas un pouvoir absolu.

J'ai lu quelque part dans St-Thomas que l'homme n'étant pas parfait, il arrive souvent que celui qui détient le pouvoir en vient facilement à substituer son caprice ou sa fantaisie à la raison. Il devient alors tyran. Alors aussi, si le peuple est fort et bien constitué, il ne manque pas de lutter et de le renverser.

— Ne ferait-il pas mieux de se soumettre, disait le curé, et de supporter patiemment un mauvais roi, plutôt que de s'exposer à subir une foule de révocations qui l'affaiblissent. Et puis, s'il lui est permis de faire ou de défaire ses chefs, quelle garantie, quelle sécurité lui restera-t-il pour l'avenir ?

— En aura-t-il davantage avec l'hérédité sans contrôle ? Il lui vaut mieux user de son bien. Les peuples aujourd'hui n'ont pas besoin de tutelle. Ils réclament leurs droits. On serait injuste et vain de refuser.

— Vous pensez donc qu'en France le retour de la royauté est impossible ?

— Oui, si elle veut se constituer sur les bases de l'ancienne et avec l'hérédité sans contrôle. J'admets bien qu'on puisse crier à la fin d'un règne : « Le roi est mort, vive le roi », mais à condition que ce soit le peuple qui pousse ces cris après avoir usé de son droit d'élection. Ainsi, il pourra éloigner les indignes et choisir celui qui peut le gouverner sagement. Ce qui n'existera plus, je crois, c'est une famille représentant le pouvoir par droit d'hérédité, à l'exclusion de toute autre. L'ère des privilèges est passée.

On lutte depuis longtemps pour ressusciter un régime glorieux, sans nul doute; mais suranné.

Ceux qui soutiennent cette lutte ne sont pas eux-mêmes convaincus. Ils sont simplement dépités. C'est un antagonisme de classes.

Les nobles voudraient ressaisir le pouvoir que la nation leur retire

Les bourgeois financiers désirent, à leur tour, occuper les premiers rangs.

Mais le peuple s'est révolté. Il ne veut pas d'une aristocratie dont les preuves de sagesse, de courage, de vertu, consisteraient seulement en des parchemins séculaires ou en des coffres-forts bien remplis. Il veut l'aristocratie de l'honnêteté et du talent.

— Savez-vous, mon oncle, que vous soutenez la doctrine des radicaux. Comme eux, vous êtes injuste et méchant.

— Je suis injuste ! mais en quoi ? Est-ce parce que je retire mon bien à celui chez qui je l'avais mis en dépôt ? Serais-je méchant, parce que je m'irrite de tous ces tiraillements, qui meurtrissent la patrie ?

Que les nobles et les bourgeois se résignent

à n'être que citoyens. Qu'ils conquièrent la confiance par une vie utile. Leur mérite se fera jour.

— Votre politique a le cœur léger de reconnaissance.

— Devrais-je passer pour ingrat parce que je m'opposerais à ce qu'on refît sa fortune à celui qui l'aurait dilapidée ?

La patrie a toujours su récompenser ses serviteurs. Elle n'a pas à s'occuper de ce que peuvent devenir leurs héritiers. Bayard fut un preux chevalier : ses descendants, s'il en reste, ont peut être déchu de sa bravoure et de sa loyauté. Malgré cela la patrie irait leur confier la conduite des armées ? Non, mille fois non ! En voyant les petit-fils de Bayard, je penserai au chevalier sans peur et sans reproche : mais leurs personnes ne seront rien pour moi, s'il ne se sont pas efforcés de conserver cet héritage d'honneur.

— S'ils l'ont conservé, ne crierez-vous point à l'injustice en voyant qu'on leur en préfère d'autres, trop souvent hélas ! de tout point inférieurs ?

— Cela n'arrive pas aussi souvent que

vous le supposez. Cependant j'avoue que plus d'une fois le peuple est injuste. En voulant corriger un abus on est toujours exposé à tomber dans un abus contraire ; mais cette effervescence se calmera. Je crois que ce qui irrite le peuple, c'est que les fils des anciens nobles semblent ne vouloir plus admettre de nouveaux mérites. D'après eux la liste des dévouements à la patrie doit être fermée.

Le peuple doit rester peuple.

— Oh ! vous exagérez les torts. Je suis convaincu que les nobles de France sont bien loin d'avoir ces pensées. Vous prêtez aux nobles d'aujourd'hui les idées du temps de Louis XIV. De nos jours, le fils du noble travaille avec ardeur. Il concourt pour être admis aux écoles supérieures de guerre ou de science. Les nobles ne dédaignent plus de se présenter au suffrage universel. Ils se trouvent très honorés lorsque le peuple les choisit pour ses mandataires.

— Oui, je le constate avec plaisir, ils font tout cela. Je doute cependant qu'ils agissent avec conviction. Ils manifestent des regrets et conservent l'espoir d'un changement en leur faveur.

— Ils ne songent pas tant à eux qu'au bien de la France. Ils veulent éloigner du pouvoir ceux qui trompent le peuple.

— Ah ! certes je les félicite de leurs louables intentions ! Mais voilà un grand mot que chaque parti lance à son adversaire. Il trompe le peuple celui qui ne l'aime pas, il trompe le peuple, le gouvernement qui ne s'étudie pas à soulager sa misère ; ils trompent le peuple ceux qui tentent de lui ravir ses espérances, en affaiblissant l'influence de la religion sur les cœurs. Tous ceux-là trompent le peuple. Trouvez-vous étonnant que celui-ci s'irrite et s'efforce de défendre ses droits et ses libertés contre ceux qui voudraient les lui ravir ?

— Vous condamnez tous les gouvernements car de tout temps et sous tous les régimes, il y a eu des abus, mais il me paraît que vous venez surtout de *portraiturer* la république ; car elle se rend coupable envers le peuple de toutes ces duperies, de tous ces crimes. Elle a plongé le peuple dans la misère et de plus elle cherche à lui ravir sa foi après avoir compromis son honneur.

— Je ne me fais l'apôtre d'aucun gouvernement. Cependant je te ferai observer qu'on ne doit pas condamner un régime, seulement à cause de l'indignité de ceux qui détiennent le pouvoir. Ainsi de nos jours on met sur le compte du régime républicain des désordres et des fautes qui sont le résultat de la mauvaise foi et de l'incapacité de ceux qui gouvernent.... Avec toi je déplore les excès dont nous sommes chaque jour les témoins attristés. Je ne puis m'empêcher de me demander comment il a pu se faire que la république avec des principes si bienfaisants et si larges, en soit arrivée à ce système d'une étroitesse persécutrice.

Ne serait-ce pas parceque ceux qui combattent la république, afin de rétablir la monarchie, ont pris pour devise : « Le trône et l'autel. »

En attaquant le trône, on touche à l'autel parce qu'on le croit de connivence. En un mot, les républicains se figurent que le fait seul d'être catholique implique l'éloignement de ce régime. C'est un trompe l'œil auquel les républicains sincères se sont laissés prendre. Ils auraient dû imiter les indépendants de la Suisse et des Etats-Unis et choisir pour cri de ralliement « Dieu et la Liberté. »

Ils ne paraissent pas se repentir de cette négligence. Pour eux, Dieu et la religion sont le moindre de leur soucis. Presque aucune loi n'est portée, qui ne renferme en elle quelque chose à l'encontre du Christianisme et de la Divinité.

Les républicains se feraient juifs, s'ils pensaient, par cette apostasie, abolir le nom chrétien. Ils ont expulsé Dieu de l'enseignement, ils ont fermé les couvents, chassé les religieux et aujourd'hui, tout homme qui fait ostensiblement profession de religion se voit fermer toutes les carriéres.

— Ce sont là des excès qui ne sauraient durer ; car j'ai confiance encore dans le peuple français qui ne tardera pas à se redresser pour donner une leçon terrible à ces nombreux tyrans.

La république a commis des fautes qu'elle payera peut-être de sa vie. A elle moins qu'à tout autre régime ces excès étaient permis.

---

# L'AMOUR PROPRE & L'AMBITION

---

A la messe, Monsieur le curé nous a parlé sur l'orgueil. Il nous l'a démontré comme la plus grande faute et le plus grand de tous les vices. Il nous a représenté l'homme orgueilleux luttant contre Dieu lui-même et devenant insupportable à son prochain.

— Et pourtant, ai-je dit au curé, en rentrant au presbytère, l'orgueil provient d'une passion qui, par elle-même, n'est pas condamnable.

— Toutes les passions sont bonnes en elles-mêmes, a répondu le curé. Le difficile pour l'homme, c'est de les maintenir dans la mesure.

— En effet cela est bien difficile. Ainsi l'activité humaine tire toute sa force de ce que nous sommes convenus d'appeler. « Amour-propre ». Chaque individu agit sous l'impulsion de ce sentiment, bien louable d'ailleurs, pourvu, comme le disait tout à l'heure Monsieur le curé, pourvu qu'il ne soit pas exagéré.

— Eh bien, mon oncle, a dit Fernand, puisque nous voici à causer sur l'amour propre, donnez-moi, je vous prie, toute votre pensée sur ce sujet. Je voudrais connaître les règles que nous devons lui imposer afin de ne pas être exposé à tomber dans un excès répréhensible. Monsieur le curé vient de faire son prône sur l'orgueil, à vous de nous en faire un sur l'ambition et l'amour propre.

— Tu es un vrai scélérat. Ah! tu voudrais me voir disputer avec notre ami! Ici tu ne peux réussir; car je ne doute pas que, sur ces matières, nous n'ayons la même pensée..... Cependant je m'exécute.

Les règles que tu me demandes ne peuvent pas être formulées avec une rigueur mathématique. C'est à notre conscience qu'incombe le devoir de nous avertir, à notre volonté celui d'écouter cet avertissement.

Cette voix de la conscience se fait toujours entendre; mais difficilement, elle parvient à se faire écouter. L'orgueil est un vice aussi commun que la vertu d'humilité est rare.

L'orgueil est l'excès de l'amour propre ; tandis que l'humilité n'est autre chose que l'amour propre resserré dans des limites justes. Voilà pourquoi les moralistes nous disent que l'orgueil est le mensonge et l'humilité la vérité.

L'orgueilleux ment à lui-même et aux autres en se donnant des qualités qu'il n'a pas ou en niant les défauts qui le déparent. Il réussit plus facilement à se tromper lui-même, qu'à en faire croire à autrui. L'homme humble au contraire connait sa valeur sans l'exagérer et se garde de nier sa faiblesse.

— Ainsi d'après cela, l'homme vertueux pourra se croire meilleur que le méchant, sans pour cela tomber dans l'orgueil.

— Sans doute, et c'est en vain qu'il tenterait de se persuader le contraire.

L'homme, qui travaille constamment à mettre la vertu dans son âme, ne peut, sans se mentir à lui-même, se mettre au rang de celui qui, sans résistance aucune, se laisse emporter par ses passions.

— Votre théorie m'étonne. Comment ! vous ne réclamez pas? Monsieur le curé.

— Je ne vois pas ce que jusqu'ici, dans le raisonnement de Monsieur votre oncle, vous pouvez trouver de répréhensible.

— J'ai lu pourtant, ajouta Fernand, dans la vie des saints les plus illustres, qu'ils se regardaient bien plus indignes et même bien plus scélérats que le reste des humains. Faudrait-il dire qu'ils ont menti, lorsqu'ils ont parlé de la sorte, ou bien que le sentiment qui dictait ces paroles était dévoyé?

— Non, cent fois non, s'écria le curé. Ils parlaient sincèrement et qui plus est, à leur point de vue, ils parlaient vrai.

Il est une chose à laquelle vous n'avez peut être pas prêté assez d'attention. Si les saints se méprisent, c'est parce qu'ils se comparent à la perfection divine. D'autre part, s'ils se comparent aux autres hommes et se donnent pour le dernier : ils sont encore vrais dans leur appréciation ; car ils comptent avec les grâces de Dieu dont ils ont été prévenus et comblés. Aussi au lieu de s'enorgueillir de leur état moral ils reportent tout au secours divin qui les a, pour ainsi dire, portés à la vertu. Voilà pourquoi ils disent bien haut que si Dieu les avait traités à la façon des autres, ils seraient les plus impies et les plus méchants des hommes.

— Je me rappelle en effet, dit Fernand, ce raisonnement pour l'avoir lu dans les livres. Je vous remercie, Monsieur le curé, pour votre explication. Je suis impatient de savoir où mon oncle veut en venir.

— Oh ! cela est bien simple, lui dis-je. Il reste donc prouvé que celui qui ne recherche pas la cause de sa valeur et qui s'arrête au fait seul de sa supériorité, ne peut pas se mettre au-dessous de celui qui ne le vaut pas. Il se mentirait à lui-même ce qui serait mal. Donc l'homme honnête, l'homme vertueux, l'homme intelligent ne pourrait sans se porter préjudice se mettre au rang de ceux qui sont loin de les valoir.

D'où je conclus, qu'abstraction faite de l'action de la grâce sur la terre, tout homme doit s'efforcer de faire valoir ses qualités. Il doit aspirer à la place qu'il mérite. Sans cela il détruirait son amour-propre, c'est-à-dire l'unique ressort de son activité.

— Mais si je ne me trompe, vous donnez le champ libre à l'ambition.

— Certainement. L'ambition bien entendue n'est pas répréhensible. Qu'est-elle sinon le désir de réussir dans nos entreprises ? Eh bien! si ce désir est modéré, si le but que nous nous efforçons d'atteindre est honnête pourquoi blâmerions-nous ce sentiment ?

L'homme sans ambition doit être réputé comme un être inutile. Il est grandement coupable de se réduire ainsi à l'immobilité ; car il ne tarde pas à tomber dans le plus grand de tous les vices; la paresse. Je dis le plus grand de tous les vices parce que, à lui seul, il *annihile* toutes les facultés humaines.

Les vices, en effet, ne sont mauvais qu'à cause du préjudice qu'ils causent aux autres et à nous mêmes.

Dieu dans la loi qu'il impose à l'homme ne lui défend que ce qui lui est personnellement nuisible; il ne lui commande que ce qui contribue à le relever et à le soutenir......

Donc, tout ce qui va à l'encontre de notre bien doit-être réputé mauvais.

— Les pensées ne portent aucun préjudice effectif et pourtant Dieu les défend et les punit.

— Les mauvaises pensées nous sont préjudiciables; car ce sont elles qui préparent aux mauvaises actions.

— En effet, je n'y avais pas songé. Revenons à l'ambition si vous le voulez bien.

Si l'ambition est un devoir et si tous tâchent de le remplir, le monde sera un véritable champ de bataille où tous les désirs se choqueront avec fracas.

— Aussi l'est-il et cela est heureux !..... Voudriez-vous, pour apaiser la lutte, que les plus intelligents et les plus habiles, ordinairement les plus humbles, se retirassent du combat, afin de laisser la place aux plus audacieux? Les affaires du monde doivent-être conduites par ceux qui présentent le plus de garanties.

Si nous avons à enregistrer tant de malheurs à notre époque, c'est parce que les meilleurs se désintéressent des affaires publiques et que les plus intrigants montent aux premières places.

Par conséquent c'est la fausse humilité, la timidité, ou plutôt la lâcheté des uns qui donne plus de force à l'orgueil et à l'audace des autres.

Le gendarme, qui met la main sur l'épaule du voleur pris en flagrant délit, n'a pas à considérer si lui-même, placé dans les mêmes conditions de misère ou d'éducation, aurait agi de la même façon. Il s'arrête et doit s'arrêter au seul fait du vol.

Ainsi pour tout. Nous n'avons pas à considérer si tels et tels, placés dans notre condition, auraient été plus savants ou plus vertueux : le fait seul de leur infériorité doit les faire rester au second rang.

— Je vous demande pardon, Monsieur Arsène, fit le curé; mais permettez que je vous interrompe, je ne crois pas qu'il appartienne à chacun de se juger soi-même : on doit attendre que l'autorité constituée vienne couronner le mérite et se soumettre à ses décision, si sévères qu'elles puissent paraître.

— Nous touchons ici au domaine de l'obéissance c'est une vertu absolument nécessaire pour l'ordre social. On l'a si bien compris, que dans beaucoup d'administrations, dans l'armée, par exemple, la moindre insoumission est sévèrement punie. Mais l'obéissance, chez un peuple libre, n'exige pas l'abandon de toute ambition. Parce qu'on supportera patiemment une injustice, ou que l'on aura été victime d'une préférence insultante ce n'est pas à dire pour cela qu'on renonce à toute réclamation.

— Mais le fait seul de la réclamation est une faute.

— Comment alors combattez-vous la flatterie le favoritisme, si pour ouvrir les yeux aux hommes du pouvoir, vous n'avez pas même la ressource d'une observation ?

Je le sais. Il faut qu'une autorité soit fermement constituée pour qu'elle permette que chacun juge tout haut ses actes. Mais pensez pour faire disparaître le mécontentement, parceque vous empêcherez, pendant quelque temps, qu'il se manifeste ?

— Vous ne contenterez jamais tout le monde.

— Je sais que cela est fort difficile. Mais le nombre des mécontents sera je crois, moins grand, si l'autorité met à jour les raisons qui la font agir. Si elle rend compte de ses mesures franchement et sans menteries, il sera bien plus difficile de l'attaquer, ou du moins, ces attaques n'aboutiront qu'à faire blâmer le réfractaire.

— Par ce système, vous mettez l'autorité en question. Ce qui paraît à l'un un bon moyen paraît à l'autre un moyen détestable.

— Ici vous avez raison. Mais remarquez que vous êtes sorti de la question.

Il s'agissait de savoir, si l'homme, victime d'une flagrante injustice de la part de l'autorité avait le droit de réclamer, je dis et j'affirme que Oui; car autrement il n'y aurait plus de sécurité pour les administrés.

Sans doute, au point de vue religieux, toute réclamation est une imperfection, et cela je le comprends ; car ici l'injustice elle-même profite grandement à celui qui la supporte avec résignation. Elle est, pour cet homme, l'occasion d'un mérite nouveau.

Mais socialement parlant cette vertu deviendrait un inconvénient grave.

— Ainsi, mon oncle, reprit Fernand, vous admettrez l'humilité, comme une vertu, toutes les fois qu'il s'agit de l'individu chrétien ou religieux ; tandis que vous l'excluez de la société.

— Je n'ai pas dit cela, ou si je l'ai dit je me rétracte avec empressement; je crois avoir dit qu'il y a plusieurs sortes d'humilité. L'humilité des saints, celle là ne vaut rien pour la vie de société, c'est une humilité que j'appellerai de théorie, d'exception, et si extraordinaire, qu'il faut avoir recours à toutes les ressources de la distinction pour la comprendre et l'admettre.

Il y a encore l'humilité de ceux que l'injustice ne trouble pas, parce qu'ils attendent de Dieu ce que les hommes leur refusent.

Quand à l'humilité ordinaire qui est une vertu à l'égal des précédentes, elle consiste à garder son rang : C'est la seule pratique.

Or garder son rang, c'est ne pas permettre qu'on vous en dépossède. Il n'y a pas d'orgueil à donner une leçon au voleur qui viendrait enfoncer la porte de notre maison. Ainsi en est il pour tout dans la vie. L'homme qui travaille a droit à un salaire. La société doit récompenser le talent. L'homme de talent peut désirer profit de sa science et de son habileté. Je vais plus loin et je dis qu'il le doit.

C'est un devoir pour tout homme de mettre son activité et son savoir au service de tous.

# L'ESPRIT & LE CŒUR

. . . . . . . . . . .

. . . J'engage celui, qui n'a jamais médité sur l'homme, d'entreprendre ce sujet d'études : il ne peut soupçonner les délices qu'il éprouvera en repliant sa pensée sur elle-même. Il est incontestable que le langage est impuissant à traduire toutes les observations qu'on fait dans l'étude de ce petit monde qui s'appelle le « moi humain. »

Ce soir, ma pensée s'est arrêtée, quelques

instants, sur les deux plus grandes facultés de l'homme. Je vais essayer de noter quelques-unes de mes réflexions.......

. . . . . . .

L'esprit est le fournisseur du cœur. Il est comme un marchand qui montre sa marchandise et qui la vante.

Le cœur choisit dans cet encan. Son choix n'est jamais irrévocable : car le cœur est enfant. Il brise le lendemain ce qu'il idolâtrait la veille.

Le plus souvent c'est la curiosité qui le rend cruel et perfide, comme l'enfant qui ouvre le ventre de sa poupée pour savoir ce qu'il renferme.

De plus, enfant gâté, le cœur demande sans cesse et ne sait ce qu'il veut. Il se plaint de n'être pas servi sur l'heure.

L'esprit doit se mettre à la torture, afin d'abord, de découvrir ce qui apaisera cette soif toujours ardente, et ensuite de trouver le moyen de se le procurer.

Il n'a pas un moment de répit.

Pour un objet qui le charme pendant quelques heures, le cœur en gâte mille.

Tandis que l'esprit, semblable au papillon qui voltige de fleur en fleur, puise à tous les parfums sans jamais les épuiser.

Bien naïf celui qui prétend à la constance du cœur. On peut faire de lui un esclave soumis de force, volontairement, jamais.

L'esprit s'il ne s'attache jamais intimement ne trahit du moins jamais.

Le cœur est comme les animaux sauvages qu'on tient dans une cage. Le moment où il est le plus calme est bientôt suivi de celui où furieux, il essaye de briser les barreaux de sa cage.

L'esprit, au contraire, a besoin d'être sans cesse excité.

Le cœur du libertin est semblable à la bête farouche qui dévore tout ce qui se présente à portée de sa griffe.

L'esprit, lui, choisit ses mets et tient à bien ordonner ses repas.

Si le cœur savait toujours ce qu'il désire,

il se pourrait qu'on put toujours le satisfaire.

Mais nous pouvons dire, avec plus de raison, que si le cœur n'est jamais satisfait, cela provient du fait de notre pauvreté.

Le désir reste toujours vivace ; il n'y a que le plaisir qui meurt.

Exemple : Le gourmand se contenterait du plaisir que lui procure ce vice, si ce ce plaisir pouvait toujours durer.

A tout plaisir succède la souffrance. Voilà pourquoi le cœur frappe à plusieurs portes.

Le cœur n'est pas plus insatiable que l'esprit.

C'est parceque l'homme, a, si je puis m'exprimer de la sorte, l'instinct de toujours acquérir, qu'il ne se contente jamais de ce qu'il a.

Aussi les philosophes ont bien raison de dire : « Dieu seul, ou le bien suprême est capable de satisfaire l'homme.

L'homme rougit de ses sentiments et presque jamais il ne rougit de ses pensées.

L'affection est trop souvent considérée

comme une faiblesse. Une personne dit en parlant d'une autre : « Je l'ai aimé, et pourtant... je l'aimais. » Elle ne dit jamais, je l'aime.

---

On fait beaucoup pour paraître bon ; on ne fait presque rien pour l'être.

---

Le mariage par son contrat empêche bien des séparations.

---

L'attachement aux choses insensibles est l'indice d'un cœur qui ne sait ou ne peut aimer ou d'un cœur déçu.

L'enfant a sa poupée ou ses joujoux. Il ne sait pas encore ce que c'est que l'amour.

La personne délaissée ou trompée reporte ses affections sur des choses qui ne peuvent plus la trahir ou qui sont incapables de la compromettre.

Voyez la vieille fille. Elle débute par les fleurs, puis ce sont les oiseaux, puis encore c'est un chien, après le chien le chat, après le chat le perroquet et la tabatière...... C'est la fin......

Beaucoup d'hommes sont comme les vieilles filles.

---

Comme les instruments abandonnés les intelligences peuvent se rouiller.

---

Le cœur qui est surmené ne tarde pas à mourir pour ne plus ressusciter.

---

Il est difficile de suivre sa pensée. Impossible de suivre son cœur ; il faut l'arrêter.

---

Le cœur de l'homme est un livre, une énigme, un abîme et peu cherchent à lire ce livre, à expliquer cette énigme, à sonder cet abîme. Et pourtant l'homme ne vaut que par le cœur.

# LA BONTÉ ET LA GÉNÉROSITÉ

---

Nous causions le curé et moi, en nous promenant dans le jardin. Nous attendions Fernand qui nous avait demandé quelques instants pour préparer son fusil et ses munitions de chasse.

Le propriétaire du château voisin lui avait vanté sa chasse réservée, et l'avait si gentiment invité à tirer sur ses domaines, que, ma foi, il ne pouvait résister à la tentation d'exercer son adresse.

— Il est beaucoup de choses, disais-je au curé, que malgré toute notre philosophie nous ne parviendrons jamais à expliquer.

— En effet, me répondit-il, la plus grande énigme qui puisse exister pour nous, c'est nous-mêmes.

— Si nous sommes souvent impuissants à trouver une conclusion, cela peut provenir, à mon avis, de ce que nous jugeons d'une manière trop rigoureuse. Fort peu de choses sont vraies d'une vérité absolue. Tout, ici-bas, ne saurait avoir qu'une portée relative.

Ainsi prenons, l'un après l'autre, les sentiments du cœur humain. Chacun peut être regardé comme bon ou mauvais, selon les points de vue sous lesquels on le considère. Les circonstances dans lesquelles il se manifeste, commandent seules le jugement que nous devons en porter. C'est d'après elles que tout sentiment tire sa valeur.

— Je suis de votre avis, mais vous ne pouvez nier que dans les mêmes circonstances, tous les hommes n'agissent pas de la même manière et par conséquent sentent différemment.

— Toutes les passions sont bonnes, selon le motif qui les inspire. Ce motif est toujours personnel. Il n'est pas condamnable pour cela. Il ne le devient que par l'excès ; l'excès seul est répréhensible.

— L'excès n'est pas toujours condamnable, lorsqu'il porte sur une chose bonne. Il peut se faire qu'une passion nous porte à une action d'éclat en tout irréprochable.

— Cette pensée, devenue proverbiale, est bien vraie : «*In medio stat virtus*». La vertu se trouve dans la modération. C'est elle qui maintient l'action dans les limites du juste. Or, les actions d'éclat, qui soulèvent l'enthousiasme, blessent souvent la plus grande de toutes les vertus, la justice. Ainsi ce grand conquérant, dont les hauts faits remplissent le monde d'étonnement, mérite, au jugement du philosophe, des reproches sévères.

La justice est la seule vertu dont soit capable l'homme au point de vue social. Toutes les autres sont négatives et se rapportent à celle-ci.

Je crois qu'on pourrait définir l'acte de vertu en général: « Tout sentiment ou toute action qui apporte un bien à l'homme, sans dépouiller le prochain. »

— Je n'accepte pas votre définition ; car l'homme est obligé quelquefois d'agir à son préjudice pour être vertueux.

— C'est ce qui vous trompe. Ce qu'il perd d'un côté il le gagne d'un autre. S'il en était autrement, il serait sot et non pas vertueux.

Tout homme qui travaille à s'enrichir de quelque manière, fait une bonne action, pourvu qu'il n'agisse pas au détriment d'autrui. Si, au contraire, il agit à son propre dommage, il n'en est que plus coupable, d'après ce principe :

« Première charité doit commencer par soi. »

« *Prima sibi caritas.* »

Le particulier, qui retranche de son bien-être pour secourir l'infortune d'autrui, fait une bonne action. Mais il serait incapable de l'accomplir, s'il ne s'attendait pas à une récompense, ou s'il ne préférait pas le plaisir de porter secours à la perte matérielle qu'il s'impose.

— Mais alors vous niez la bonté.

— Oui je la nie, si vous supposez que pour être bon il faille donner sans recevoir.

Être bon; c'est aider, en quelque manière, le prochain à être heureux, ou moins malheureux. Mais il faut qu'il y ait toujours quelque chose à échanger. Ainsi l'homme peut se servir des biens de ce monde pour acquérir les biens éternels.

Il sera bon aux yeux des hommes et aux yeux de Dieu, lorsqu'il sacrifiera ses intérêts matériels, afin d'augmenter les biens de son espérance.

— Jésus-Christ engage sans cesse les hommes à pratiquer les œuvres de bonté.

— En effet, il revient sans cesse à cette recommandation; mais avez-vous remarqué combien à côté du sacrifice, il fait toujours luire, l'espoir de la récompense éternelle ?

Ainsi, s'agit-il de porter secours à ses frères dans la détresse: il transporte les hommes à l'heure du jugement dernier.

« J'ai eu faim, dans la personne du pauvre, et vous m'avez donné à manger : j'ai eu soif et vous m'avez donné à boire : j'étais nu et vous m'avez donné un vêtement. Entrez dans la gloire qui vous a été préparée. »

Tandis qu'il dit à l'homme qui n'a accompli aucune œuvre de charité. « Allez au feu éternel. »

S'agit-il du pardon des injures, œuvre de bonté et de charité par excellence, Jésus-Christ ordonne de pardonner et de renoncer à la vengeance.

Pour quel motif?

« Pardonnez, si vous voulez que votre Père Céleste vous accorde le pardon. »

Et dans la sublime prière qu'il enseigne à ses apôtres, il met sur les lèvres du fidèle, ces mots :

« Pardonnez-nous nos offenses, comme nous pardonnons à ceux qui nous ont offensés. »

Donc n'exigeons pas de l'homme plus qu'il ne saurait donner.

Dieu connaît notre nature; il sait que nous sommes pauvres, il n'exige pas que nous nous dépouillons gratuitement des quelques biens qui peuvent être à notre disposition. Il admet que nous échangions notre superflu d'un côté pour nous procurer d'autres biens.

Que dis-je, Dieu se montre envers nous magnifique puisque pour un bien périssable il nous rend un bien inépuisable. Il nous paye au centuple le sacrifice que nous nous imposons, sur sa parole. C'est donc Dieu qui nous encourage à l'échange. Il ne parle jamais de don gratuit, quand il s'agit de nous.

Souvent nous raisonnons avec notre imagination et c'est pour cela que nous mettons la vertu à une hauteur où personne ne saurait l'atteindre.

Qu'on ne vienne donc pas dire que la bonté est désintéressée. Jésus-Christ condamnerait ce désintéressement comme fruit de l'orgueil. Il nous condamnerait comme il condamne celui qui se donne la mort. Les hommes ne croiraient pas à un tel dévouement et ils auraient raison.

— Alors il n'y a que le chrétien, qui puisse faire cet échange que nous appelons la bonté.

— Tout homme peut accomplir ces échanges ; mais le chrétien seul a l'espérance d'une récompense éternelle. L'homme s'il n'agit pas pour le ciel agira pour la terre, pour son plaisir, son intérêt, sa gloire, sa réputation. Or, comme toutes ces choses sont caduques, le motif n'étant pas stable, viendra un moment où au lieu d'être bon, l'impie sera cruel : car pour avoir une vertu quelconque il faut avoir un motif stable, afin que toujours les actions puissent l'avoir pour base.

Ainsi en est-il de nos sentiments et de toutes les actions qui en découlent. Le motif seul est noble ou mesquin.

Et maintenant, si vous le permettez, poursuivons notre étude. Je dis que toutes ces vertus personnelles qui ornent un individu deviennent des défauts chez l'homme public.

— Pour le coup, vous m'étonnez grandement ! Je ne puis comprendre que ce qui fait l'honneur de l'homme privé puisse être reproché à l'homme du pouvoir.

— Rien n'est plus vrai pourtant.

L'homme qui représente l'autorité devrait être insensible et n'agir que d'une façon mathématique. Si l'on pouvait trouver un homme de haute raison, à qui on arracherait le cœur; c'est cet homme qu'on devrait établir au pouvoir.

L'homme public ne disposant que des biens de l'ordre naturel ne peut prétendre à la bonté vis-à-vis de ses administrés. Chez lui la bonté serait un défaut.

« Dieu seul est grand » s'écriait Massillon en présence du catafalque de Louis XIV. Nous devons dire aussi « Dieu seul est bon » parce que seul il peut donner sans s'appauvrir.

La bonté suppose un don. Or l'homme, nous venons de le voir ne donne jamais, il échange le plus souvent c'est Dieu qui paye.

L'homme au pouvoir surtout ne doit jamais donner, sinon il est injuste. Il est le Dieu social si je puis m'exprimer de la sorte. Si le fond de ses faveurs était inépuisable, il pourrait faire le généreux. Mais comme sa Puissance est bornée. Sa bonté ou sa générosité, vis-à-vis des uns, serait une injustice, à l'égard des autres. C'est pourquoi il ne doit jamais se départir d'un calcul mathématique dans la distribution des récompenses.

Il arrive souvent que les hommes qui sont à la tête d'une administration, oublient que rien ne leur appartient en propre.

Ils ne sont que dépositaires et gardiens de biens communs.

On s'élèverait avec raison contre un chef d'état qui puiserait à pleines mains dans les caisses du trésor pour répandre le bienfait. En effet, ce qu'il donnerait de trop d'un côté, il le volerait de l'autre.

Or, voici qu'on supporte souvent, sans réclamation, qu'un chef d'administration dispose de toutes les faveurs pour en gratifier ses amis ou ses flatteurs. Au lieu de s'élever ouvertement contre un pareil abus, on s'efforce de faire nombre parmi les représentants favorisés.

— L'homme au pouvoir n'est cependant pas obligé de s'entourer d'ennemis personnels et de délaisser ses amis ?

— L'homme au pouvoir doit être comme Melchisédech, sans père, ni mère. Faudra-t-il qu'il choisisse ceux qui lui témoignent le plus d'amitié? Je ne le crois pas, car en agissant ainsi, il s'entourerait d'une foule de mercenaires insatiables. Au lieu d'être éclairé dans ses conseils, sa voix n'aurait qu'un écho fidèle. Jamais il ne serait contredit; toujours il serait loué et il n'y a rien comme la louange et la flatterie pour aveugler les hommes. Les plus habiles s'y laissent prendre souvent très facilement.

Celui qui est sensible à la louange est nécessairement injuste. Il ne pourra pas supporter qu'on vienne lui signaler des défauts. d'administration, aussi les abus, au lieu d'être corrigés, en feront naître de nouveaux.

Donc cet homme étant injuste n'aura plus de vertus.

— Vous qui voulez n'être pas exigeant, vous demandez à l'homme plus qu'il n'a jamais donné.

— Je ne suis pas exigeant. Ce que je demande, je le répète, après bien des fois, c'est qu'on n'exige pas de l'homme des vertus que sa nature se refuse à donner.

Cependant on ne doit pas s'entourer d'obstacles. Je sais qu'il faut posséder une grande force de volonté pour se soustraire aux influences du dehors, et qu'une situation élevée est plus difficile à soutenir qu'un état ordinaire. Mais aussi tous ne sont pas appelés à commander.

Dans les siècles passés, où l'autorité était plus respectée par des sujets plus chrétiens ou plus voisins des temps de l'esclavage, le pouvoir n'était pas si difficile à exercer. Il faut aujourd'hui que celui qui est revêtu de l'autorité, imite en ceci Louis XIV. Ce roi est célèbre, non pas tant à cause de ses qualités personnelles, qu'à cause du concours précieux des hommes de génie qu'il a su distinguer et choisir.

# D'ICI & DE LA

# PRIS SUR LE VIF

---

### I

La peur est la recéleuse de l'injustice.

### II

Celui, qu'une injustice, de la part des hommes, étonne, est un naïf ; celui qui se révolte sous le coup d'une injustice est un lâche ; celui qui la supporte, sans réclamer, est né pour être esclave. Il fait supposer que l'autorité sous laquelle il vit est *tyrannique*.

### III

Si vous n'avez pas le tempérament du flatteur, tenez-vous à l'écart des hommes puissants.

### IV

On méprise l'homme qui intrigue pour arriver ; mais à peine est-il parvenu qu'on oublie ses intrigues et le mépris dont on l'a couvert.

### V

Mesurez la valeur de l'homme du pouvoir d'après le mérite de ceux dont il s'entoure.

Tous les hommes vraiment grands ont su se faire seconder.

### VI

Le serviteur ne doit jamais avoir raison contre le maître. On compte pour habile celui qui, dans un cas donné, s'offre comme victime volontaire.

Optime occupe une situation élevée : il se pique de sagacité d'esprit. Vulpin le sait.

Un jour Optime se plaint. Un secret d'administration a été divulgué. Dans ses suppositions il accuse Vulpin ; or celui-ci est innocent.... Vous croyez qu'il va protester ?.... Pas le moins du monde ! Vulpin donne raison au maître. Optime est si fier de lui-même qu'il n'en veut plus à Vulpin. (O instinct du flatteur !)

## VII

Chez les gens d'autorité, la critique est regardée comme un crime ; tandis que souvent eux-mêmes se servent de la calomnie et de la médisance comme d'un moyen légitime.

Si vous n'êtes pas bien en cour ; c'est sur le dire de vos ennemis que vous serez jugés.

## VIII

Le thermomètre est un instrument qui sert à se rendre compte du degré de température.

Je voudrais qu'on désignât les flatteurs par ce nom

## IX

Les ennemis des flatteurs sont toujours regardés comme les ennemis du maître.

## X

Un homme intrigant tôt ou tard se fait jour, et tout homme qui monte est accusé d'intrigue.

## XI

Je ne crains pas le roi, je l'aime et le respecte. Je redoute ceux qui sont assis sur les marches de son trône.

## XII

Voulez-vous savoir si vous êtes dans les grâces du maître ?... Consultez ses favoris. S'ils ont un visage serein à votre aspect, vos affaires sont en bon état ; s'ils froncent le sourcil : Tremblez !

## XIII

La critique la plus juste n'a jamais rien valu. Si vous êtes ambitieux sachez garder le silence.

L'ambitieux comme le chrétien ne doivent jamais se plaindre de leurs supérieurs. Ce que le second fait pour le ciel, le premier le fait pour la terre.

## XIV

J'ai connu un homme d'autorité qui disait : « Le respect est fils du mystère ».

## XV

Il est des positions élevées qu'on ne peut conserver qu'en se rapetissant.

## XVI

L'audacieux parvenu regarde toujours en haut ; voilà pourquoi il n'éprouve pas de vertige.

## XVII

Le ministre ne doit jamais paraître plus intelligent que le roi.

## XVIII

Le métier de courtisan est pénible. Celui qui l'entreprend doit se familiariser avec les affronts.

# XIX

## *Moyen de parvenir*

### DIALOGUE

*Le fils.* — Que pourrais-je faire pour parvenir, père ?

*Le père.* — Travaillez.

*Le fils.* — Oh, c'est trop pénible !

*Le père.* — Eh bien alors soyez intrigant.

*Le fils.* — Ce moyen est trop vil.

*Le père.* — Mon fils, il ne vous reste plus qu'une ressource. Soyez un simple imbécile.

*Le fils*. — !!!......

*Le père*. — J'en ai vu beaucoup réusssir.

## XX

Il semble à l'homme que louer les autres, c'est se rabaisser soi-même.

## XXI

Rien de plus facile que de louer une personne alors qu'elle est présente : Rien de plus difficile que de lui rendre justice lorsqu'elle est absente.

## XXII

Un homme timide, est souvent un homme orgueilleux.

## XXIII

Ce que nous blâmons le plus chez autrui est souvent chez nous l'objet de nos prédilections.

## XXIV

L'admiration ne devrait être provoquée que par le génie ou l'héroïsme : mais fort souvent elle provient de la faiblesse intellectuelle de celui qui admire.

## XXV

La vertu n'exclue pas la noblesse de caractère. On réclame cent sous à un voleur et souvent on se croit vertueux de ne pas se faire restituer sa réputation.

## XXVI

Le vol de quelques sous peut conduire au bagne. Le vol de plusieurs millions conduit ordinairement à l'honneur.

## XXVII

La colère est le vice de l'âme faible.
C'est être peu puissant que de s'attaquer à plus faible que soi.

*Exemple* : Zozime a un intendant. Il remarque un désordre dans la conduite de sa maison. Vous pensez qu'il fera une observation à son intendant. Eh bien, non ! Il tirera les oreilles au marmiton qui n'en peut mais !

## XXVIII

Tout homme connaît plus ou moins ses qualités.

Ariste a beaucoup d'esprit et de talent : mais il est violent et emporté. Dites lui qu'il est un *sot,* il sourira et vous laissera dire. Reprochez lui de n'être pas assez *patient,* il criera à la calomnie.

## XXIX

Lorsque chez un peuple la calomnie obtient facilement créance, dites : Ce peuple est corrompu.

## XXX

On prête volontiers à autrui ses propres défauts.

## XXXI

Une grosse faute efface aux yeux du monde, toute une vie de vertus.

Les hommes se refusent à admettre que l'honnêteté ait jamais existé chez celui qui vient de commettre un crime. C'est là une grave injustice. Elle vient de ce qu'un homme honnête ne veut pas qu'on le juge capable de chûter.

## XXXII

L'homme est essentiellement inconstant et pourtant il tend sans cesse à se donner des règles immuables. Il jure une amitié *éternelle* s'engage pour *toujours*, ses serments il ne les violera *jamais*.

## XXXIII

*Comment se trame un mariage.*

*La mère.* — Je crois, mon ami, que nous ferons bien de marier Joséphine.

*Le père.* — Allons ! elle peut bien attendre encore quelque temps.

*La mère.* — Sans doute. Mais voici qu'elle va prendre ses vingt ans : plus tard il nous sera plus difficile de lui trouver un parti sortable,

*Le père.* — Aurais-tu quelque chose en vue ?

*La mère.* — Pas positivement. Cependant je crois que le fils de X. ... ferait bien notre affaire. Je remarque que Madame X..... est, depuis quelque temps, plus empressée auprès de moi.

*Le père.* — Alors tu supposes....?

*La mère.* — Je suppose, à n'en pas douter, qu'ils ont des intentions sur Joséphine.

*Le père.* — Oui mais, parlons raison. Les crois-tu, les X., dans une situation...?

*La mère.* — Que dis-tu là, mon chéri; mais les X.., sont riches, énormément riches. Leur château de V.., à lui seul, vaut deux millions.

*Le père.* — Peuh ! des pierres.

*La mère.* — Des pierres et des rentes.

Puis, je sais pertinemment qu'ils ont un portefeuille bien garni. Je leur connais cent actions sur le Suez, cinquante sur le Crédit-Foncier et (ce qui fait supposer que, malgré leur train de grande maison, ils font des économies) ils viennent d'acheter quarante actions sur le Panama.

*Le père.* — Tu en diras tant !...

*La mère.* — Alors tu me permets d'agir ?

*Le père.* — S'il en est ainsi, je crois que tu feras bien.

Un mois après, le mariage de M. Urbain X.., avec Mademoiselle Joséphine Z.., était affiché à la mairie et crié à l'Eglise pour la première et dernière publication ; les parties ayant demandé dispense des deux autres afin de ne pas faire traîner les choses en longueur !

*Réflexions.....* Pauvre Joséphine !..... Plus, malheureux peut être encore Urbain !....

S'étonnera-t-on, après cela, que Naquet ait trouvé une majorité pour voter la loi du divorce ?

## XXXIV

A quoi tient une réputation !

Maxime a, dans la ville qu'il habite, une réputation bien établie. Il est doux de caractère affable, très instruit, d'une intégrité à toute épreuve et ce qui explique ces qualités, chrétien convaincu. Aussi tout le monde l'estime et recherche son amitié.

Cependant Maxime, irrité par l'injustice se met à mal avec les chefs de l'administration où il est en place. Le voilà destitué, et ses ennemis, par leurs réticences, font planer sur lui des soupçons déshonorants.... Sans transition aucune, l'opinion change. Maxime n'a plus de qualités, sa douceur de caractère et son affabilité, sont taxées d'hyprocrisie: il n'a que des connaissances superficielles: son intégrité tant vantée, ne tient pas une minute contre la calomnie, et il n'y a pas jusqu'à la sincérité de sa religion qui ne soit révoquée en doute.

Marin, au contraire, était ignoré de la plupart. Ceux qui le connaissaient n'en parlaient qu'avec mépris. Mais, o fortune ! Le voilà tout à coup placé sur le pinacle. Alors tous veulent avoir connu Marin. Ses détracteurs de la veille prétendent au premier rang parmi ses amis et ses admirateurs.

## XXXV

Il ne manquera plus à l'homme que la puissance créatrice. L'art produit des merveilles à peine concevables. On imite, que dis-je, on corrige la nature au point que les défauts sont remplacés par des qualités. Il n'est pas, dans le corps humain, une partie qui ne trouve un rechange avantageux dans les ressources de l'art. Ainsi, votre mâchoire est-elle dégarnie ? Ne vous désolez pas ! Un artiste vous épargne les douleurs d'une nouvelle dentition : vos dents artificielles, soit pour l'élégance, soit pour la blancheur et la dureté de l'émail, ne le céderont en rien à la bouche la plus favorisée.

J'ai connu un homme envers lequel la nature s'était montrée bien ingrate ! Il avait un faux nez, une mâchoire artificielle, un œil de verre, une jambe articulée, le tout si bien imité et si bien adapté, qu'il ne faisait pas mauvaise figure à côté des plus élégants. Sans le secours de l'art, il n'aurait excité que la pitié ou l'horreur.

Croyez de même que les situations ou les insignes honorifiques embellissent bien des monstruosités. Si vous dépouillez de leurs affiquets beaucoup d'hommes honorés et puissants, si vous les réduisez à leur propre mérite, vous rougirez en les voyant si faibles, si petits, si difformes.

## XXXVI

L'intérêt règle bien souvent nos jugements. Un fait entre mille... Monsieur de N. était mort. Je rencontre dans la rue son beau-frère de L.. qui allait à son enterrement. Il m'accoste, m'annonce la triste nouvelle et je lui fais mes compliments de condoléance.

— A-t-il pu se confesser avant de mourir? ajoutai-je.

— Oui, me répondit-il ; mais il n'a pas bien fini.

— Comment !

— Ne s'est-il pas avisé de donner, tout par testament, à sa fille naturelle qu'il a reconnue? gémit le beau-frère.

Et moi qui fus obligé, par politesse, de me mordre la langue, pour ne pas approuver hautement le défunt !...

## XXXVII

Trop souvent on juge, d'après le succès, de la valeur des moyens employés.

## XXXVIII

Je lis sur le Journal :
« Le Ministre de la Guerre interdit aux Officiers de se faire recommander, autrement que par la voie hiérarchique auprès des membres de la Commission supérieure de classement. Les membres de cette Commission étaient déjà l'objet d'un véritable assaut de la part des Sénateurs et des Députés »

Il y a eu abus. Ce n'est pas malheureux qu'on le reconnaisse ! Mais à qui la faute ?
1° Aux chefs hiérarchiques qui ne s'occupent pas assez de connaître le mérite de leurs subordonnés.

2° Et surtout aux membres de la Commission de classement qui n'ont pas eu le courage d'éconduire poliment Sénateurs et Députés.

## XXXIX

Auriphile, sur ses vieux jours, est devenu généreux. Il a fondé un hôpital où bon nombre de malheureux reçoivent du secours. Tout le monde exalte sa charité..... Mais personne ne sait qu'Auriphile a volé toute sa fortune. Lui-même l'a presque oublié. Il donne avec une si sainte prodigalité ! Aussi s'attend-il à ce que Dieu lui tienne compte de tant de bonnes œuvres.

## XL

Souvent ce qu'on regarde comme perfection heurte de front les principes de la morale la plus élémentaire.

## XLI

L'esprit de corps et l'amour-propre de son état font commettre grand nombre d'injustices.

Pamphile, l'épicier du coin, vient d'être, à

sa grande satisfaction, nommé membre du bureau de bienfaisance. Il s'acquitte de ses fonctions avec un zèle qui provoque l'admiration de ses envieux eux-mêmes. Aussi Pamphile stimulé par ces louanges trouve bons tous les moyens de remplir la caisse de secours. Il a déjà *dicté* plus d'un testament : pour un peu, il se ferait détrousseur de grand chemin afin d'augmenter les ressources de la charité.

## XLII

Nous ne regrettons une chose perdue qu'à cause du bien qu'elle nous procurait.

Il en est de même de la perte d'une personne. Nous pleurons sur nous et non sur elle.

Cependant il est d'usage de pleurer sur tous les morts. Aussi arrive-t-il fort souvent que ces pleurs ne sont pas sincères ; parce que, fort souvent, on serait embarrassé pour dire ce qu'on perd en les perdant.

## XLIII

La propriété est, dit-on, un principe incontestable. A-t-on jamais fait cette réflexion que l'homme ne possède que par ce qu'il peut perdre. Hélas ! Tout peut être aliéné, même un trône.

## XLIV

Monsieur Moreau est un homme sans foi, ni loi. Il passe sa vie dans les désordres les plus scandaleux. Pour augmenter sa fortune aucun moyen ne lui répugne : bref, il est, pour ses parents, un objet de honte.

Mais voici qu'il meurt, en faisant, par testament, ses parents héritiers de tous ses biens. De ses vices, il n'en est plus question : de ses usures, personne n'en parle... pas même pour restituer !

Monsieur Moreau fait un beau mort, après avoir été le plus triste des vivants.

## XLV

On s'étonne, à tort, qu'un homme, arrivé aux premières places de la République, voie ses rentes augmenter. La France doit récompenser ses serviteurs et payer sa gloire. Ceux qui protestent si haut, regrettent peut-être de n'être pas dans la même situation pour en faire autant. L'Etat a toujours enrichi ses chefs. Je n'en veux, pour preuve, que la fortune des familles qui ont régné.

On devrait, seulement, leur fournir l'occasion de s'enrichir, sans qu'ils fussent obligés de voler !

## XLVI

Il est beau d'entendre vanter le désintéressement de Probus par un homme qui jouit de 500,000 francs de rente.

## XLVII

L'homme s'efforce toujours de donner le change. Le voleur parle de sa probité, l'irascible se propose comme un modèle de douceur : A l'entendre l'avare donne plus que le bonjour : le débauché connaissant le proverbe « qui se ressemble s'assemble », recherche l'amitié d'une âme pure : l'intrigant déteste les flatteurs : l'homme blasé ne cesse de vanter la délicatesse de sa conscience. En un mot, chacun se donne les qualités des défauts qui le déparent.

Ainsi en est-il des siècles. Le plus fertile en ouvrages de mysticisme est celui qui donne le plus de coups de canif au décalogue. On fait de magnifiques dissertations sur la perfection ; alors qu'il faudrait prêcher la simple honnêteté.

## XLVIII

On s'élève souvent contre les moyens employés par les adversaires, et pourtant, s'ils réussissent, on se hâte de les imiter. La grande excuse est celle-ci. « Il faut combattre avec les mêmes armes. »

Exemple: « L'Aurore » et « Le Crépuscule » sont deux journaux quotidiens, qui paraissent dans le même département. *L'Aurore* est conservateur et s'intitule ouvertement catholique. *Le Crépuscule,* au contraire, soutient les opinions les plus radicales et fait profession d'athéisme. Chacun de ses articles est un tissu de monstruosités qui bafouent ce qu'il y a de plus respectable. De plus il est à l'affût de tous les scandales « cléricaux ». Il les sert, chaque jour, comme un nouveau piment à ses lecteurs pervertis. S'il n'en trouve pas, il en invente.

« L'Aurore », lui, digne et sérieux comme un professeur de morale, fait de très belles dissertations sur le vice et la vertu ; flagelle l'impiété et se montre le défenseur constant de la religion. Cependant il tient à répondre à son adversaire. Aussi toutes les fois que ce dernier ébruite un scandale, ou formule une calomnie, le journal *bien pensant*, le journal catholique ne manque pas de lui dire : « Et vous, et les vôtres ». Puis à côté du compte rendu d'une mission fructueuse, il rapporte, comme entrefilet, quelques scandales « laïques ».

Où en sommes-nous donc !!

## XLIX

Trop souvent on parle conviction à propos d'opinion.

## L

Rien n'est plus rare que la conviction, rien de plus commun qu'une opinion.

Aussi le sacrifice d'une opinion ne coûte pas cher.

## LI

N'offrez pas, pour le gagner, cent mille francs ou une bonne place à l'homme politique le plus convaincu ; il vous prendrait au mot.

## LII

Plus un homme est violent et acerbe dans la défense de ses opinions politiques, plus il serait facile de le faire changer ; car cet homme a besoin d'une situation et veut coûte que coûte s'en créer une ou conserver celle qu'il a.

## LIII

L'irréflexion est souvent pour beaucoup dans les actions d'éclat. Ils sont nombreux les martyrs qui tombent les armes à la main sur un champ de bataille. Connaissez-vous un homme riche, qui de sang froid se réduisit à la misère par amour patriotique ?...

## LIV

Quand il s'agit de la masse du peuple, on doit chercher plutôt à diriger son amour propre qu'à lui inculquer des convictions.

A celui que cette pensée surprendrait je rappellerai que, chez l'orateur, le mouvement oratoire fait tout et les preuves presque rien.

## LV

Les luttes présentes font oublier les luttes passées. De tout temps il y a eu et il y aura MALENTENDU entre ceux qui possèdent et ceux qui ne possèdent rien ; entre ceux qui sont au pouvoir et ceux qui y aspirent.

## LVI

« Tout ce qui est nouveau est beau » (à condition qu'il nous plaise !)

Un Gouvernement nouveau est toujours bien accueilli par le grand nombre, parce qu'aucune espérance n'a été encore trompée.

## LVII

On pense toujours mieux qu'on ne parle, et on parle toujours mieux qu'on n'agit.

## LVIII

— *Chronique.* — Un prédicateur de renom prêchait le carême dans la petite ville de X.. Le journal de la localité rendait compte de la cérémonie du dimanche en ces termes :

— Hier, aux Vêpres, à la paroisse S$^t$ P. grande affluence. « *Le tout* X. s'y trouvait ». Le sermon a été prêché par le R. P. Un tel, dont la parole chaude et convaincue a électrisé son auditoire. Il ne nous appartient pas de faire l'éloge de ce prince de la parole. Sa renommée parle pour lui. Qu'il nous permette de le remercier et d'espérer qu'il nous sera donné de l'entendre encore.

Immédiatement après sous la rubrique « Théâtrale », on pourrait lire :

— Hier soir, grande représentation au Théâtre de X... On jouait *Faust*. « Le tout X » s'y était donné rendez-vous ; car on devait avoir la bonne fortune d'entendre la merveilleuse diva Mademoiselle Y... Elle a été rappelée à plusieurs reprises. Les couronnes et les bouquets pleuvaient sur la scène, etc., etc.

Ainsi donc « Le tout X » d'après ce journal se trouvait d'abord aux vêpres de la paroisse et puis le soir au théâtre !

Cela vous paraît impossible et vous pensez qu'il a été fait ici de cette expression « *Le tout X.* » un abus criant ? Pas du tout. Le reporter a bien vu et ce qu'il dit est vrai.

Ne savez-vous pas qu'aujourd'hui la mode est venue d'aller du sermon au bal et cela sans remords aucun. « Il est avec le ciel des accommodements. »

Ces chrétiens *convaincus* ont une excuse toute prête. Ils ne vont au théâtre que pour l'*art*. Les demoiselles aujourd'hui raffolent de la musique. Si elles dansent entre temps ; c'est afin de soutenir les œuvres de bienfaisance ! (Je me sers de ce mot pour ne pas profaner le nom divin de la charité).

## LIX

Voyez cette personne pieusement prosternée, au premier rang, dans l'Eglise. Sa posture est toute d'humilité et de modestie. Elle n'ose pas même lever les yeux sur sa voisine.......

Voilà dites-vous, une chrétienne bien fervente. Hier, dans une soirée donnée chez elle, les jeunes gens louaient la blancheur et le modelé de ses épaules! Il paraît que ce son là des exigences de mode et de situation......

## LX

Que chacun, selon son tempérament et sa situation, puisse effacer un ou deux commandements du Décalogue et tous les hommes seront religieux.

## LXI

Nous devons être en garde contre nous-mêmes, à plus forte raison contre tout le monde.

## LXII

— *Histoire connue.* — Deux avocats plaidaient la cause de deux paysans. La discussion était très animée. Les deux champions s'insultaient à qui mieux mieux. Plusieurs fois le Président dût intervenir pour les rappeler à la modération. La sentence portée, tout le monde quitta la salle du tribunal. Chacun des paysans suivait de loin son défenseur prêt à lui fournir le secours de son bras ; car ils s'attendaient bien à les voir bientôt aux prises. Mais voici que nos deux avocats entrent dans un café et se font servir un apéritif qu'ils absorbent ensemble avec une égale satisfaction. — Tête des paysans.

« Nous disputons pour qui nous paye » C'est la devise des avocats comme aussi celle de tous les hommes.

Les meilleures causes ne nous intéressent qu'un moment. Comme ces deux avocats nous avons hâte de noyer tout chagrin.

## LXIII

Un homme du monde disait qu'une femme se sert de la mode, afin de faire supposer qu'elle possède ce dont elle est le plus dépourvue.

On peut généraliser et dire que l'exagération est l'indice de la pauvreté. Qu'il s'agisse soit du corps, soit de l'esprit, soit du cœur, l'exagération porte toujours sur le défaut.

## LXIV

L'autre jour je fus accosté par un de mes amis procureur au tribunal de X.

— Je suis malheureux, me dit-il, si malheureux, que vraiment je ne sais plus à quel saint me vouer ?

— Que t'est-il donc arrivé de fâcheux ? m'écriai-je.

— Ecoute, et tu vas voir..... Il y a un mois, j'avais sur les bras une affaire épineuse.

Pour me mettre à l'abri des évènements, et surtout, pour assumer moins de responsabilité, je fus consulter un de mes chefs.

— Tu ne pouvais mieux faire. Eh bien !

— Eh bien ! après lui avoir exposé mon cas, j'attendais qu'il me traçât une ligne de conduite, ou qu'il me donnât un conseil. Je l'aurais suivi consciencieusement. Ne voilà-t-il pas qu'il me fait la moue, et puis, le plus solennellement du monde « Soyez prudent, dit-il, l'affaire est grave, très grave, soyez prudent !

C'est tout ce que j'en pus tirer

Malgré toute ma bonne volonté et mon application, l'affaire tourna mal. Bientôt après, je reçois une lettre de mon chef qui me reprimande vertement de n'avoir pas suivi ses instructions !!!

— Et que lui as-tu répondu ?

— Rien. Qu'aurais-je pu lui dire, sinon des choses désagréables ? Je devais garder le silence. J'avalai la pilule sans mot dire.

Quinze jours après, nouvelle affaire, nouvel embarras. L'idée me vint d'aller trouver mon chef : mais je n'en fis rien ; car je considérais cette démarche comme parfaitement inutile. Cependant je me mis à l'œuvre, et, à ma grande satisfaction, les choses ont tourné au mieux.

Je me suis hâté d'en informer le chef. Au lieu d'une lettre de félicitations à laquelle j'étais en droit de m'attendre, sais-tu ce que je reçois ? Tiens, lis !

Je pris la feuille que me présentait mon ami, et je lus ;

« Monsieur, je m'étonne que vous vous soyez permis de traiter une affaire de cette importance, sans consulter vos supérieurs. L'issue sans doute n'en a pas été mauvaise ; mais votre témérité a été grande. Je vous prie dorénavant d'agir avec plus de circonspection. »

— Eh bien, reprit mon ami, que dis-tu de tout cela ?

— Je dis.... je dis.... je ne dis rien.

Mais je pense beaucoup de choses !

## LXV

Un inférieur ne doit jamais consentir à être l'instrument de la vengeance d'un haut personnage contre son chef hiérarchique. Tôt ou tard ils feront la paix, et alors, l'inférieur occupera la place de la victime, sur les cendres de laquelle autrefois les ennemis se touchaient la main, en signe de réconciliation.

### LXVI

— Ce n'est pas, dites-vous, à ceux qui doivent obéir de juger ceux qui commandent.
— D'accord. Mais alors pourquoi les hommes du pouvoir sont-ils si flattés des éloges que leur adressent leurs subordonnés ?..

Permettre à un inférieur de louer, c'est se soumettre à sa critique.

### LXVII

Le vice revêt les dehors de celui qui l'entretient : brutal chez les hommes sans éducation, raffiné, insinuant chez les hommes du beau monde : tandis que la vertu présente toujours le même caractère de délicatesse et de franchise.

## LXVIII

L'estime que nous avons les uns pour les autres manque de conviction.

Avez-vous jamais remarqué les sentiments divers que provoque chez nous le mal qu'on dit d'autrui ?

Quelqu'un, le premier venu, « *On* » accuse M. B. d'une action déshonorante....

L'ami se désole, le confrère rougit ; il a peur que sa propre réputation n'en reçoive des éclaboussures. L'admirateur d'hier pousse ce cri stupéfait : « Qui l'aurait dit ? » Le moraliste disserte sur la perversité du siècle. L'ennemi se réjouit ; l'envieux avait prévu la *chose* ; le méchant ricane ; le bon déplore le fait ; le faible en est scandalisé, et personne entendez-vous, personne n'a l'idée de réclamer une preuve, tout le monde ajoute foi à la calomnie.

Explique qui pourra cette disposition du cœur humain. Pour moi j'y renonce. Mes conclusions seraient trop sévères pour être acceptées.....

## LXIX

Rutile, le riche rentier, est furieux de ce que le receveur l'a prié de repasser le lendemain pour toucher l'intérêt de ses coupons. Un jour de retard ! Mais c'est tout simplement affreux !

Or Rutile retient sans scrupule, depuis trois mois, le salaire de ses ouvriers.

## LXX

La fantaisie coûte plus à l'homme que la nécessité.

L'ouvrier dépense au café, sa femme consacre à sa toilette plus d'argent qu'il n'en faudrait pour entretenir un autre ménage.

N'accusez pas cet ouvrier d'Orlan, vous n'en avez pas le droit, vous qui vivez d'expédients avec vos vingt mille livres de rente.

## LXXI

Ces Messieurs de la nouvelle noblesse, qui s'intitulent « Classe dirigeante » et qui ne ne dirigent rien du tout, pensent toujours au *peuple*. Ils parlent toujours du *peuple*, sinon avec dédain, du moins avec pitié !

Mais qu'est-ce donc que le peuple, de La futaie? Le peuple, c'est vous, c'est moi, c'est tout le monde. Vous vous récriez ?... Voyons serait-ce la richesse qui vous placerait à un rang plus élevé? Mais il y a tel bourgeois dont les coffres-forts sont mieux fournis que les vôtres. Serait-ce la science ? Les enfants du peuple vous donnent souvent la leçon. Ah ! je vous entends, c'est la naissance.

Votre grand père était plébéien. Il acheta par une bassesse le nom qui vous rend si fier.

## LXXII

On met plus de méthode pour apprendre que pour agir.

## LXXIII

L'homme est moins grand et meilleur qu'on ne le juge.

Elevez la nature humaine à un degré voisin de la divinité : Je conçois qu'alors tout vous révolte chez elle ; mais réduisez-la à ses véritables proportions, au lieu de l'accuser et de la mépriser vous la respecterez, même avec ses faiblesses.

## LXXIV

Il est des magasins qui n'ont de beau que leur devanture. Ainsi des hommes superficiels.

## LXXV

Souvent on se sert d'un homme qu'on méprise, précisément à cause du service qu'on lui demande. Quel est ici le plus méprisable du maître ou du serviteur ?..

## LXXVI

*Un jour d'Election.* — Monsieur de Guilleminot occupe, dans sa ville natale, un rang élevé qu'il doit à sa fortune et à ses talents. Il est un des chefs du parti conservateur...

Le comité se réunit, il y a quinze jours, pour désigner le candidat aux élections prochaines. Le nom patronné par Monsieur de Guilleminot ne fut pas accepté. Aussi il se désintéresse de la lutte. La veille du jour du vote, il appelle son cocher :

— Joseph, vous attelerez à trois heures : nous partons pour la campagne.

D'un seul coup la liste conservatrice perd une demi-douzaine de voix. Parceque Monsieur de Guilleminot est vexé, il ne votera pas : le cocher, le maître d'hôtel, le laquais, personne dans la maison ne pourra voter.

Ainsi noblement se venge Monsieur de Guilleminot.

## LXXVII

Nous devons être en garde contre nous-même, à plus forte raison contre tout le monde.

Cette pensée exprimée plus haut, mérite, à mon avis, les honneurs du *bis*... On se fait si facilement illusion sur la sincérité d'autrui.

## LXXVIII

Bonard trouve que mes expressions sont trop fortes.

C'est que l'homme tient surtout à ce que sa honte reste cachée. Il se révolte quand on essaye de soulever un coin du voile qui la couvre.

# UN ORIGINAL

— Connaissez-vous Bonard ?....

— Oui, vous le connaissez ; car vous l'avez souvent rencontré sur votre chemin. Plus d'une fois vous avez conversé avec lui ; vous avez voyagé ensemble ; en maintes circonstances, il a été votre commensal, et toujours vous n'avez eu qu'à vous louer de ses bons procédés à votre égard.

Bref, Bonard est un des meilleurs, sinon le meilleur de vos amis. Il respecte vos convictions, partage toujours vos opinions ; se pâme d'aise à votre rencontre ; vous serre la main avec une expression d'amitié qui vous touche.

Et quel heureux mortel, ce Monsieur Bonard !.... Un sourire charmant s'épanouit sans cesse sur son visage grassouillet.

Puis il a vécu ; il connaît son monde, le fort et le faible de chaque situation. Aussi, en toute circonstance, met-il à votre disposition un bon conseil que vous êtes heureux de suivre.

Il a d'ailleurs droit à votre déférence ! Un homme, qui sait conduire si habilement sa barque à travers les flots du monde, mérite votre admiration et votre respect.

Oui, volontiers vous admirez, que dis-je, vous aimez ce bon Monsieur Bonard ! Son amitié vous honore : Il est connu par tous comme très honnête : ses affaires ne font que prospérer. En un mot, il est un homme comme vous voudriez que tous les hommes fussent et auquel vous souhaitez sans doute de ressembler.

Dernièrement, pendant que je promenais

dans le jardin du Luxembourg, je fus accosté par lui. J'étais en ce moment tristement préoccupé. Il s'en aperçut dès l'abord ; car à peine m'eut-il serré la main :

— Vous paraissez soucieux, Arsène ? dit-il.

— Soucieux, n'est pas le mot ; mais je suis vivement contrarié de la disgrâce qui frappe un de mes amis.

— Parlez ! mon cher. Si je puis quelque chose pour lui, je me ferai un véritable plaisir de vous être agréable.

— Je ne m'explique pas, repris-je, comment, lui si bon, peut avoir des ennemis. Je ne lui connais pas de défaut, si ce n'est peut-être qu'il est trop sincère.

— Ah ! certes, s'écria Bonard, voilà un défaut bien grave, par le temps qui court. Votre ami devrait savoir que la franchise cause plus de déboires que la scélératesse la plus consommée. Mais comment s'appelle votre ami ?

— Ariste. Vous devez le connaître ? Peut-être pourrez-vous lui rendre service auprès de ses chefs ?

— Il se peut que je l'ai rencontré ; mais en

ce moment mes souvenirs ne me servent pas bien.

— Rappelez-vous, lui dis-je, ce jeune homme qui se taisait, alors que tous parlaient avec animation, un jour de grande soirée, dans les salons de la Préfecture. La politique faisait l'objet de la discussion, ou plutôt de la conversation ; car tout le monde, en ce moment, était du même avis. Il n'est pas d'éloges qu'on n'adressât à la loyauté, à l'intelligence, à l'honnêteté de nos gouvernants. Vous même, malgré votre répugnance pour l'état de choses actuel, vous paraissiez transporté d'un enthousiasme lyrique !....

Ne vous en souvient-il pas, Bonard ?

— Parfaitement. Bien maladroit serait celui qui, en de pareilles circonstances, dirait ce qu'il pense. La politesse impose des devoirs auxquels on ne doit pas se soustraire.

— C'est ce qu'Ariste n'avait pas même l'air de soupçonner. Son attitude impatientée, son visage morose, ses yeux qui lançaient des éclairs, sa bouche contractée par un silence forcé, tout en lui indiquait l'amertume de ses réflexions. Aussi ne pouvant contredire tout le monde, il se retira brusquement.

— En effet, s'écria Bonard, je me rappelle ce paysan du Danube, dont la rudesse d'attitude nous divertit le reste de la soirée. Vous l'appelez Ariste ; tout le monde lui donnait le nom d'original.

Cet homme paraît n'avoir pas vécu. Il a sans doute pour excuse sa jeunesse ; on peut espérer que le temps le corrigera. Croit-il être le seul à y voir clair ? La plupart nous pensions comme lui. Mais le bon sens nous faisait un devoir de louer, à cette heure, la politique officielle dont nous étions les invités.

— Ce bon sens auquel vous faites appel est précisément ce qui l'exaspère..... Mais.... je ne me trompe pas ! Le voici qui se dirige de notre côté.

Ariste, en effet, venait nous rejoindre. Je le présentai à Bonard, et après les salutations d'usage, s'adressant à moi il me dit :

— Etiez-vous hier à l'ambassade ?

— Non, lui répondis-je.

— Eh! bien, ne le regrettez pas. On y sert gratuitement des glaces et des sorbets : mais les invités reconnaissants paient noblement avec la calomnie et le mensonge.

— Cependant, Monsieur, interrompit Bonard, pensez-vous que ce soit le moment de récriminer contre l'amphitryon?

— Non sans doute ! mais n'a-t-on pas la ressource du silence !

— Se taire ! Tout le monde n'en a pas la force.

— Alors qu'on se contente de parler de la pluie, du beau temps, des vignes, du phylloxera, des chevaux du comte de Z..., du coffre-fort de Roschild, de l'éclipse de lune ; que sais-je ! de ce que l'on voudra ; mais qu'on n'encourage pas une conversation toute de flatteries écœurantes.

— Mon cher Monsieur, lui dit Bonard, la vie du monde est ainsi faite. Vous la prenez, permettez-moi l'expression, à rebrousse poil. Ignorez-vous ce que disait un diplomate moderne : « La parole a été donnée à l'homme pour déguiser sa pensée » Voilà qui indique beaucoup d'expérience et d'observation. Je ne crois pas que Dieu nous ait doué de cette faculté pour atteindre ce but ; mais j'acquiers tous les jours la conviction que les hommes n'en usent que dans ce sens.

— Vous ne pouvez prétendre résister au torrent ; vous serez emporté et, de plus, on se rira de vous.

— Je ne puis consentir à être le complice de toutes ces vilenies.

— Les excès, en tout, sont nuisibles, ai-je reparti. Peut-être, mon cher ami, que la vertu ne comporte pas une si parfaite sincérité. Vous vous perdrez inutilement. Mettez croyez-moi, une sourdine à vos saintes colères.

— Vous m'accusez de violence bien gratuitement ; car je n'ai rien fait pour mériter ce reproche. Loin de m'irriter contre les hommes, je les plains. Vous qui me connaissez depuis de longues années, m'avez-vous jamais vu leur jeter la pierre ? Toujours j'ai défendu le faible contre le puissant, et si j'ai pu froisser quelqu'un, c'est lorsque je luttais contre ceux qui veulent s'élever sur les ruines d'autrui, je ne permettrai jamais qu'on attaque impunément en ma présence, la réputation d'un ami. Eh quoi ! vous exigeriez que je donne des éloges à celui qui n'a droit qu'au mépris de tous ? J'irai serrer amicalement la main d'un assassin? Devrai-je m'extasier devant les sottises d'un fat, vanter la vertu d'un débauché, exalter le talent d'un sot ? Parce qu'un homme est puissant, sera-ce un motif pour approuver ses cruautés ou ses turpitudes ? Ne ferai-je rien pour réduire le calomniateur au silence ? Faudra-t-il écraser l'opprimé, ramper aux pieds du flatteur, embrasser les genoux d'un renégat, compromettre ma dignité, vendre ma conscience et me tourner toujours du côté de la force et de la faveur ?...

Contentez-vous de mon silence ou de ma modération.

— Oui, je l'avoue, repris-je, vous savez garder le silence, mais toujours votre attitude parle pour votre bouche qui se tait.

Je vous prie de remarquer, mon cher ami, que si je blâme votre conduite, c'est seulement à cause du préjudice que vous en éprouvez. Et tenez ; je viens d'apprendre que vous êtes tombé en disgrâce auprès de vos chefs. Ne soupçonnez-vous pas d'où part le le trait qui vous frappe ?

— Mais non.

— Pour moi j'ai plus qu'un soupçon, j'ai une certitude. Ah ! si votre situation ne vous faisait pas un devoir d'aller dans le monde, je vous dirais, fuyez les nombreuses réunions !

Il y a de cela une quinzaine de jours, M. Y., un des plus riches banquiers de la capitale, entrait dans un salon où vous étiez déjà. A sa vue, tous les invités se précipitèrent à sa rencontre pour lui témoigner la joie que leur causait sa venue. Vous seul, Ariste, ne bougeâtes pas plus qu'une borne, et un sourire moqueur plissait vos lèvres. Votre attitude fut remarquée par le banquier et je compris qu'un sentiment de rancune étreignait son âme. Serait-il votre ennemi ?

— Je l'ignore; mais pour moi je dois me faire violence afin de ne pas le mépriser.

— Comment ! s'écria Bonard, mépriser un homme d'un rang si élevé ! C'est porter vos dédains bien haut !.... Sa fortune est colossale. Il est un des maîtres de la bourse et un soleil de la politique. Ils sont nombreux ceux qui s'inclinent sur son passage. En le méprisant lui, vous vous faites un million d'ennemis. Monsieur Y., est un homme puissant ; vous auriez dû, Monsieur Ariste, ménager un peu son orgueil.

— Vous voudriez donc que je grossisse le nombre de ses plats valets ? Il n'en est pas un qui pense un mot des éloges qu'on lui adressé. Ce M. Y., n'a-t-il pas, par ses banqueroutes nombreuses, ruiné mille familles ? Tout le monde connait son passé déshonorant, et.....

— Qu'allez-vous donc chercher, Monsieur ; il a réussi. Vous voyez bien qu'on ne lui tient aucun compte du passé. Vous auriez dû faire comme tout le monde, avoir un sourire aimable et admirateur, sauf, bien entendu, à porter le jugement intime que vous voudrez.

— Jamais je ne consentirai à être acteur dans une comédie si malhonnête.

— Mon cher ami lui dis-je, votre protestation part d'un bon naturel : mais vous serez brisé. On vous traitera en paria, la société, que vous condamnez par votre franchise, vous repoussera. La solitude se fera autour de vous, et puis, si je ne me trompe, vous n'êtes pas dans une situation de fortune, qui vous permette d'être impunément indépendant.

— Tout homme a, non seulement le droit mais le devoir de conserver son indépendance. Je sais que j'éprouverai de nombreux déboires.

Si la société me repousse de son sein, comme Saint-Paul chassé de la synagogue, je me ferai corroyeur, plutôt que de soutenir le mensonge. Ses mains lui gagnèrent la nourriture de chaque jour, et Dieu servit gratuitement l'air aux puissants poumons de ce défenseur de la vérité !......

Ariste nous quitta. Je ne pouvais m'empêcher d'admirer ce jeune homme. Connaissant tout ce que sa franchise lui cause d'ennui, j'aurais voulu lui faire suivre une autre ligne de conduite.

— Eh bien, Bonard, que pensez-vous de tout ceci ?

— Je vous répète ce que je vous disais tout

à l'heure. Votre Ariste est un original incorrigible. C'est pousser les choses jusqu'à l'entêtement.

Pour moi je le fuirai, et je vous donne le conseil de l'éviter vous-même avec soin. Son amitié peut *honorer*, mais elle est trop *compromettante*. »

Que le monde, après cela, vienne nous parler de franchise, de noblesse de sentiment, de désintéressement, de conscience, d'honneur !

Pour lui ces grands hommes sont vides de sens. Il s'en sert pour cacher ses tromperies, ses bassesses, son égoïsme, ses turpitudes.

Le monde mérite bien la malédiction portée contre lui ; car il profane le nom de la vertu pour couvrir sa honte.

J'en appelle à la pudeur de la conscience humaine.

Quel est celui qui ne méprise Bonard, c'est-à-dire le monde ? et pourtant, tous s'encouragent ouvertement à suivre Bonard et le monde.

Chacun admire la sincérité d'Ariste ; mais on se garde bien de l'imiter ; car on craint de paraître ridicule aux yeux du grand nombre.

Dans le monde les grandes pensées, les nobles sentiments n'ont pas le droit de cité. C'est à peine si l'on consent à les supporter dans le sanctuaire le plus intime de l'âme humaine.

Mais trève aux réflexions, déjà bien longues et concluons.

Voulez-vous être vertueux? Ariste doit être votre modéle. Comme lui vous éprouverez de nombreux déboires ; mais que vous importent les jugements des hommes, puisque votre foi compte sur Dieu.

Que l'homme sans religion, que l'apostat se moquent de notre simplicité. Soit ! le chrétien est assez fort pour supporter le sarcasme ; mais ce qu'il ne doit pas supporter, c'est de voir le geai se parer des plumes du paon.

*N'en veuillez pas, je vous prie, à l'auteur de ce petit livre ; s'il a signalé certaines de nos faiblesses, c'est moins pour nous humilier que pour nous engager à soutenir toujours le parti de la vertu contre le vice, sous quelque aspect qu'elle se présente.*

———

# ERRATA

| PAGE | | | | | |
|---|---|---|---|---|---|
| X | 20 | ligne lisez | étayés | au lieu de | étagés |
| XI | 16 | » | » il ne l'est hélas | » | il l'est |
| 38 | 12 | » | » ses cris | » | des cris |
| 38 | 22 | » | » crierait-on | » | croirait-on |
| 64 | 8 | » | » partant | » | portant |
| 71 | 15 | » | » contentai de faire | » | contentai à faire |
| 78 | 2 | » | » Nounene | » | Nounenge |
| 78 | 7 | » | » lieues | » | lieux |
| 100 | 21 | » | » votre conclusion | " | notre conclusion |
| 126 | 11 | " | " mal venu | " | mal venus |
| 162 | 5 | " | " Je serais | " | Je serai |
| 224 | 4 | " | " pensez-vous faire | " | pour faire |

# TABLE

Lettre de Monseigneur l'Evêque de Montpellier

| | PAGE |
|---|---|
| Au Lecteur | V |
| Du Chalet de St-Jean de Beauregard (Lettre) | 13 |
| Visite faite et rendue | 19 |
| Les Fonctionnaires et la conscience | 34 |
| Les Déceptions | 53 |
| Les Paysans et les Contributions | 67 |
| La Cloche de Cornils | 77 |
| Les ruines et le squelette | 89 |
| Le Dévouement | 97 |
| L'Ouvrier et le Socialisme | 103 |
| L'Amitié | 129 |
| L'Homme | 139 |
| Fernand, mon Neveu | 149 |
| Les Trompeurs et les Dupes | 165 |
| La Réhabilitation | 179 |
| Les Classes de la Société | 195 |
| L'Amour-propre et l'Ambition | 215 |
| L'Esprit et le Cœur | 227 |
| La Bonté et la Générosité | 235 |

## D'ici et de là

| | |
|---|---|
| Pris sur le vif | 251 |
| Un Original | 291 |

BÉZIERS

Imp. Typo Lithographique A. BOUINEAU & Cie

*31, Avenue de Pézenas*

—

1889

www.ingramcontent.com/pod-product-compliance
Lightning Source LLC
Chambersburg PA
CBHW071302160426
43196CB00009B/1391